楠本まき

A LONDON TREASURE HUNT

ロンドン トレジャーハント

& ロンドンからの小さな旅

MAKI KUSUMOTO
A LONDON
TREASURE HUNT

ロンドン＊トレジャーハント

A London Treasure Hunt

ロンドンからの小さな旅

CONTENTS

地 下 鉄 路 線 図

A London Treasure Hunt

Tube Map

Finchley Central
East Finchley
Highgate
Archway
Tufnell Park
Crouch Hill
Bounds Green
Wood Green
Turnpike Lane
Manor House
Harringay Green Lanes
South Tottenham
Blackhorse Road
Seven Sisters
Finsbury Park
Upper Holloway
Tottenham Hale
Walthamstow Central
Walthamstow Queen's Road
Leyton Midland Road
Woodford
South Woodford
Snaresbrook
Leytonstone
Leyton
Gospel Oak
Kentish Town West
Kentish Town
Arsenal
Holloway Road
Camden Road
Caledonian Road
Caledonian Road & Barnsbury
Highbury & Islington
Dalston Kingsland
Canonbury
Dalston Junction
Hackney Central
Homerton
Stratford
Hackney Wick
King's Cross St. Pancras
for St. Pancras International
Angel
Haggerston
Hoxton
Old Street
Euston Square
Farringdon
Bethnal Green
Mile End
Pudding Mill Lane
Russell Square
Barbican
Liverpool Street
Shoreditch High Street
Bow Road
Moorgate
Bow Church
Bromley-by-Bow
Holborn
Chancery Lane
Devons Road
St. Paul's
Aldgate East
Stepney Green
Whitechapel
Langdon Park
Bank
Covent Garden
Aldgate
All Saints
Shadwell
Westferry
Blackwall
Leicester Square
Cannon Street
Limehouse
Poplar
East India
Mansion House
Monument
Tower Hill
Tower Gateway
Charing Cross
Wapping
West India Quay
Temple
Blackfriars
River Thames
Rotherhithe
Embankment
London Bridge
Canary Wharf
Bermondsey
Canada Water
Heron Quays
Surrey Quays
South Quay
Crossharbour
Mudchute
Island Gardens
Southwark
Borough
Lambeth North
Elephant & Castle
New Cross Gate
New Cross
Cutty Sark
for Maritime Greenwich
Greenwich
Deptford Bridge
Elverson Road
Lewisham
Brockley
Honor Oak Park
Kennington
Forest Hill
Sydenham
Brixton
Penge West
Anerley
Crystal Palace
Norwood Junction
West Croydon

Britain Map

Inverness
SCOTLAND
Glasgow
Edinburgh
Isle of Arran
NORTHERN IRELAND
Belfast
UNITED KINGDOM
York
Manchester
Liverpool
Dublin
Aran islands
IRELAND
ENGLAND
WALES
Cardiff
London
Bath
Rye
Dover
Eastbourne
Dungeness
Hastings
Seven Sisters
Brighton
St. Ives

準備するもの

宝の地図

* London Street Atlas *

(Spiral)

ボロボロになっては買いかえ、もう何代目かの『A to Z』。いろいろ使ってみたが、背がスパイラルになっているものが一番使いやすい。道の名前さえ分かればこれ一冊でロンドン中どこにでもたどり着ける宝の地図。スマートフォンでも代用できるが、やはり紙には紙の良さがある。

オイスターカード

地下鉄、オーヴァーグラウンド、バス、一部の鉄道にも使えるICカード。ヒースローに着いたら地下鉄切符売り場で即購入。いちいち切符を買う手間が省けるのはもちろん、キャッシュだと約2倍の値段設定のため、公共交通手段を使わない、という人以外は必携。

カメラ

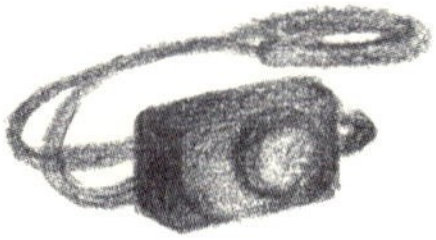

持って帰れない宝物の記録のため。でもあんまり記録にばかり気を取られずに。記憶だけの方が良いこともある。

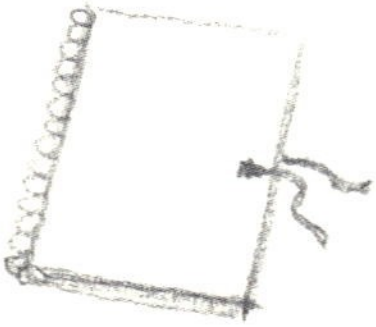

スケッチブック

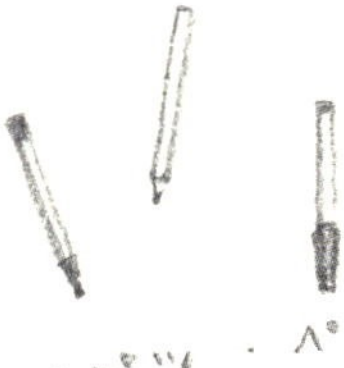

エンピツ・ペン

なんでも。

My Treasures

日常のちょっとした宝物

sweetheart cushion

チョークでできたチェスの駒。どこでも
盤を描いて遊べるというもの。

エコバッグ(bag for life という)とティータオルは、ついフラフラと買ってしまう。

左から時計回りに:テートモダンのルイーズ・ブルジョワバッグ/フォートナム&メイソンのダイヤモンドジュビリーバッグ/セントジョンレストランのブタのバッグ/グラスゴー・スクール・オブ・アートのマッキントッシュティータオル /V&Aのイエローブックバッグ/テートリバプールの不思議の国のアリスタオル

ダンジネスでもらった穴のあいた石。

実はこの旅行鞄も私の宝物。

GLOBE-TROTTERのCENTENARY。創業以来100年以上ひたすら職人さんがひとつひとつ丁寧に作り続ける英国らしい美学とクラフトマンシップに裏付けられた、自分のものながらホレボレするような旅行鞄。機内持ち込みサイズはベルトがないのが残念なのと、意外とあまり入らないのと、その割に重いという数々の難点はあっても全くもって宝物。原稿も詰めて運びます。

アンティーク・マーケットで買ったハンコ。

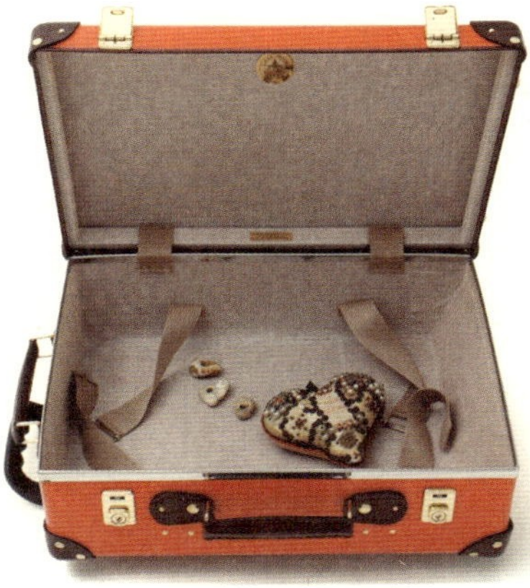

焼き物の羊。オープン・スタジオで。

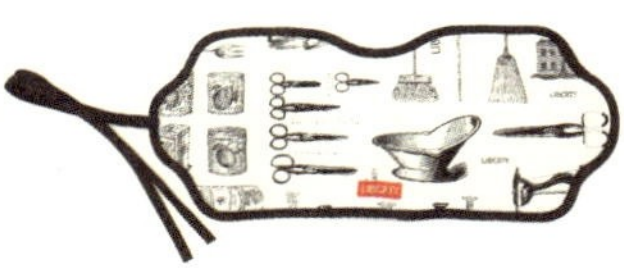

リバティーで購入したよくわからないもの。おそらくカトラリーロール。

チョウチョの木製ヘアピン。クラフト・マーケットで。

Tatty Devineのマグパイリング。

ロンドン＊トレジャーハントのはじめに

この本には、大英博物館もバッキンガム・パレスの衛兵交代もビッグ・ベンも出てきません。テート・モダンすら出てきません。登場するのは、うっかりしなくても通り過ぎてしまう小さな—しかしマニアックな—秘密の博物館や、イギリス人だという事くらいは知っていても、実際どこに住んでいたかなんて考えた事もなかった画家や作家やはたまた哲学者の家、使われなくなったカビ臭い駅構内に夜毎出現する芝居小屋じみたナイトクラブ、または一期一会のヴィンテージ・マーケットやカーブート・セール、もしくは焼け落ちて廃墟となったクリスタル・パレスに今も残る解剖学的にありえないヴィクトリアンの恐竜像、あるいは人間国宝的パーリーキング＆クイーン!!

ロンドン自体が宝探しの地図のよう。

ロンドン通であろうとなかろうと、例えば初めてのロンドン旅行であっても、そこから手をつけていけないわけがない。

この本を片手にあなたがロンドンを歩いて、自分だけの宝物を見つけるきっかけや手助けになれば幸いです。

そして、せっかくイギリスを旅するのなら、ロンドンだけではもったいない、と、ロンドンからの小さな旅も後ほど紹介。

A London Treasure Hunt

ロンドン＊トレジャーハント

1. Alternative Shopping

オルタナティヴ・ショッピング

ロンドンでここ数年ブームなのが、「ポップアップなんとか」というもの。昨日まで何もなかった場所に突如出現し、期間が終了すると跡形もなく消えてしまうというコンセプトで、ポップアップ・ショップ、ポップアップ・レストラン、ポップアップ・ビューティー・スパなんてものまで手を替え品を替え現れては消えていく。そろそろこの流行も終わるのではないかと思って久しいが、ノヴェルティー感が受けて未だ人気衰えず。あまりの人気に、ポップアップ・レストランのはずがそのまま根付いて普通の移動しないレストランになるものが出てきたり、果てはポップアップ・マーケットなんてものも登場。マーケットってもともと存在がポップアップなんじゃぁないの？という、根源的な疑問を残しつつ、さて、私が今一番お勧めなのは、カーブート・セール。カーブートとはイギリス英語で車のトランクのことで、車をストール代わりに利用したフリーマーケットをいう。猫も杓子もどこの都市でも代わり映えのしないハイストリートのショッピングに見切りをつけて、自分だけの宝探しに出かけよう。

Capital Carboot

Pimlico Academy, Lupus St, SW1V 3AT　最寄り駅 : Pimlico

毎日曜11.30～15.30開催。入場料￡1～5。☞ただし、Twitterでフォローすると、12.30から入場無料になる合い言葉を教えてくれます。そこらへんも宝探し的でいいかんじ。http://www.capitalcarboot.com/

お部屋にひとついかがでしょうか。
クリスタルパレスについてはpp40〜42参照。

ちょっと前までカーブート・セールというと、夜明け頃からどこか郊外の駐車場で、さっむい中、紅茶をすすり、白い息を吐きながらガラクタの中から掘り出し物を探し出す、というイメージだったので、行ってみたいなあとは思いながらも、近所でない限りなかなかそこまでの根性は持ち合わせない、という類のものだった。そうこうするうちに最近はわりと都心で、昼頃からゆっくり始まるものが出てきて、物凄い人出。というのも、質がよく、かなりな掘り出し率なのだ。大体そういう所は2段階の入場料システムになっていて、シリアスなお宝探しなら早い時間にちょっと高い入場料を払って入る。ピムリコのキャピタル・カーブート以外には、バタシーのブートセール（同じく毎日曜午後開催。入場料50ペンス。）が面白い。
http://www.batterseaboot.com/

CARBOOT SALE

一方昔ながらの郊外のカーブート・セールは、あいかわらずローカルにのんびりと、それに値段をつけて売りますか、というようなガラクタも含め、いろんなものを売っている。それはそれで楽しい。入場料なんか勿論いらない。

典型的なカーブートセールの風景。

1. Alternative Shopping

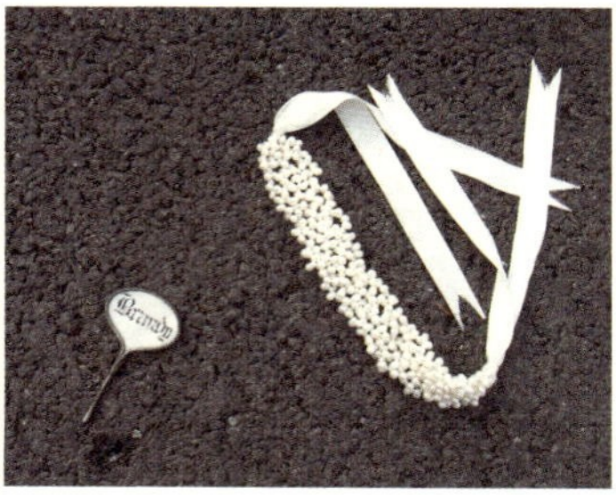

このカーブートセールにもちらほら出ているが、ロンドンでは剥製人気が数年前からアート界などをはじめ、一般にも、密やかに再燃中。剥製術(taxidermy)講座なんかもひっそりとだが常時開かれている。一度ものすごく時代遅れになったモノが再びファッショナブルになるというのが、このところ何だか矢鱈に多い。ヴィクトリア時代には狩った獲物を自慢するのが目的で大流行した室内装飾だったが、新たに創られるものは、剥製にちょっとシュールなポーズをとらせたり、ちょっとシュールなバックグラウンドのガラスケースにいれたりという、アートと悪趣味紙一重タイプが主流。勿論こういう蚤の市に出てくるのはそういうアーティーなものではなくて、誰かの家の屋根裏かどこかでほこりをかぶっていたような代物で、状態もそれ相応。

ちなみに、剥製は多分日本には持って帰れないんじゃないかと思うので、うっかり雰囲気で買ってしまわないように。面倒くさい手続きをしたら可能かもしれませんが。

＊ 豆 知 識 ＊

剥製になった動物のことをstuffed animalというが、ぬいぐるみも、stuffed animal。要するに詰め物をされた動物の意。前作『ロンドンA to Z』で取り上げた“Get Stuffed”という剥製屋さんの名前は「剥製にされちゃった」ということと、「失せろ」（≒ F*** off）というスラングのダブルミーニング。「失せろ」という看板がかかっているというわけ。

1. Alternative Shopping

もう1つ楽しいのは、ヴィンテージ・マーケット。ヴィンテージの掘り出し物を見つけるには『ヴィンテージ』と名前について**いない**マーケットを探すべし、というのが、トレジャーハンターの鉄則だが、観光に来て、他にもいろいろする事があるだろうし、そんなに悠長に探してまわる余裕がない時には、やはり、そのものずばりの、ヴィンテージ・マーケットに行った方が手っ取り早いのは確か。手堅いところでは、木金曜のスピタルフィールズ(最寄り駅：Liverpool Street)の評判が良い。あとは時たま開かれるヴィンテージ・キロ・セールという、洋服も靴もバッグも何もかもいっしょくたに量り売りしてしまうヴィンテージ・フェアが面白い。何を選んでも1キロなんと£15。http://www.judysvintagefair.co.uk/kilo/

ここで取り上げるノースロンドン・ヴィンテージマーケットが開かれているクラウチエンドは、ここ最近お洒落になってきたエリアではあるが、都心から結構はるばる長い道のりで、しかもどの駅からも遠く、これだけを目指して行くと、多分ちょっと拍子抜けする。というのも踏まえた上で、なんとなくローカルなかんじを楽しむならおすすめだ。途中、Queen's Wood という森があるので時間があったら彷徨ってみよう。Parkland Walk という散歩道を通って、北東にある Alexandra Palace Park に足を延ばすのも良い。

VINTAGE MARKET

"Sweetheart cushion"

私の今回の戦利品は、このヴィクトリアンの針山。ささっているパールっぽいものや金具っぽい物は、実はまち針。一目惚れして購入。

Queen's Wood

ヴィンテージ・マーケットでも、ヴィクトリア時代以前の本気のヴィンテージは、そうたくさんは出てこない。ミッドセンチュリー等比較的新しい物が多く、中にはヴィンテージ風レプリカも混じっているからよく目を凝らそう。でも自分が気に入れば、なんであろうとそれでいいのだ。というのも真実。

1. Alternative Shopping

North London Vintage Market
St Mary's Parish Hall,
Cranley Gardens, N10 3AH　最寄り駅：Highgate
ほぼ月1回第1土曜10.00〜16.30開催。入場料£1.5。
http://www.northlondonvintagemarket.co.uk

OPEN STUDIOS

オープン・スタジオは、クラフト/デザイン系のクリエイターから作品を直に買うことができる絶好のトレジャーハントチャンス。大抵6月頃とクリスマス時期に開催される。普段の仕事場を一般に開放して、ミドルマンが入らない卸値価格で、すでに高級デパートやミュージアムショップなどでも売られている作品（クラフトなので、食器だったり照明器具だったり実用品や装飾品が主。）を購入できたり、はたまた、新しい才能の青田買いもできてしまう。大量生産されていない自分だけのお気に入りに出会えるかもしれないし、そこに作家本人がいるのだから、サイズなど、パーソナライズしてもらえるか直談判もできてしまう。作家も買う方も双方ハッピーな場。Cockpit Arts（http://www.cockpitarts.com/）、Craft Central（http://craftcentral.org.uk/）などが有名。

FLOATING BOOKSHOP

さておしまいは、存在だけでもう素敵な水上ブックショップ。リージェンツ・カナルを移動するナロー・ボートの古本屋です。だいたい、ブロードウエイ・マーケット、カムデン・ロック、エンジェルなどに停泊していることが多いようだ。今どこにいるかは、Twitter(@wordonthewater)でチェックできる。それをたよりに探しに行って見つけたときのワクワク感。週末など、屋根の上でアコースティック・ミュージシャンの演奏があったりもする。猫も出迎えてくれる。

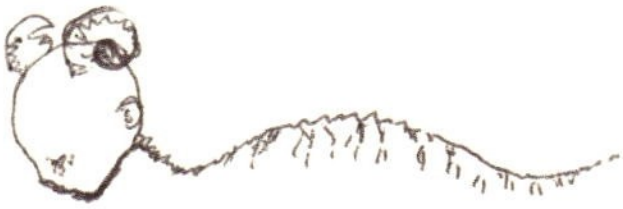

ハッピーな買い物のためのtip

お店に入るとき、または店員と目が合ったとき ☞ “Hello”と挨拶する。
お店を出るとき ☞ 買っても買わなくても “Thank you”と言って出る。

マーケットでは ☞ 出来るだけ小銭と、£5札か£10札を持っていく。大きな札を持って値切ると当然ながらお互いちょっと気まずくなる。(マーケット以外では、買い物で値切る場はほぼないと思ってかまいません。日本国内と同じ感覚で正解。)また、£50札は、受け取ってくれないと思っておいた方が無難。マーケットでなくともかなりの確率で断られます。両替は、かさ張っても£20札以下でしておくのがベター。

*普段値切ったりするのは苦手な人でも、端数を切ってもらうのはスマートだし、結構あっさり応じてもらえるのでやってみよう。何より黙って買うよりずっと楽しい。そして、値切るだけじゃなく、それがいつ頃作られたどんな用途の物なのかなどという会話も楽しむのがヴィンテージ・マーケットの醍醐味。きっと喜んでいろいろ話してくれるはず。

BEST OF BRITISH FILM CLUB
NO.001
WITHNAIL AND I

邦題：**ウィズネイルと僕**（1987）

イギリスでは誰もが知っている、豪華メタルケース入り20周年記念版まで出てしまうような超人気カルトフィルムでありながら、なぜか日本では80年代の終わりか90年代の初めかに吉祥寺バウスシアターで、ほんの短期間上映されたのみ、という、不思議な立ち位置にある1本。私もその時バウスシアターで観た。ちなみに劇場はガラガラだった。衝撃的に面白かったのに、その後誰に話しても誰も知らない。そして、時々思い出しながらも再び見る機会もなく年月が経ち、まさに20年後のロンドンで、当時近所だったエセックス・ロードのイズリントン・ライブラリーに入った時、たまたま棚にこの20周年記念版DVDを発見。あ、そうか、イギリスでなら簡単に買えたのか、と初めて気づく。このイズリントン・ライブラリー自体も、実はいわく付きの図書館だったことを知るのはもうしばらく後のことなのだが、それについては Film club No.2で。（これだけでピンとくる人がいたら、それは相当の映画通かイギリス通か、両方か、もしくは私と同じ嗜好を持つ人だろう。）

カムデンのゴミ溜のようなフラットをシェアして暮らしている売れない役者の“僕”とウィズネイル。やがて片方はチャンスをつかみ、片方は失意の中、お互いの道を進むため雨のリージェンツ・パークで別れを告げる。あらすじにしてしまうと、どうということのない青春モノだが、実にイギリスらしいシニカルで淡々とした、笑いを含んだセリフの数々、そして何にも増して、自惚れが強くて傍若無人、時に姑息な、貴族のアクセントで話す、飲んだくれでどうしようもない、生き様がロケンロールなウィズネイルと、ウィズネイルのコートが異様にカッコいい映画なのだ。最悪だなコイツ、というカッコ悪いカッコよさ。登場人物が画面でアルコールをあおる度、鑑賞者側も準備しておいた同じ酒を飲むという、悪名高い“Withnail and I drinking game”なるものまで生まれる始末。

それにしてもなぜ日本版DVDを出さないのだろう。時代を超えた名作として評価されるべき1作。

リージェンツ・パークのウィズネイルと僕が座っていたベンチを、あ、ウィズネイルの椅子だ、と散歩に行く度思う。映画の中ではロンドン動物園のハンティング・ドッグの檻が見えるが、今は配置が変わって新しいペンギンプールから時折歓声が聞こえてくる。

リージェンツ・パーク。Camden Town 駅を出て、Parkway 側(動物園方面)から入ると、この風景に出会う。

上:エンドロールが流れるのはここ。映画では望遠で撮っているらしく、全く同じ絵にはならなかった。
右:冬は憂鬱な色あいだが、夏は緑濃く美しい。アイスクリームショップも。

Withnailと僕が座っていた椅子

2. Secret Museums

秘 密 の 博 物 館

ロンドンには大英博物館やサウスケンジントンの超メジャー博物館群以外にも小さなマニアックな—むしろ奇妙なと言っていい—博物館が人知れず、何百年もそこにある。排他的な雰囲気すら醸し出すこれらの博物館、入ってみるとまったくそんなことはない。ここでは私が心酔する3つの博物館を紹介。ここからはお金で買えない宝物。

Grant Museum of Zoology
21 University Street, WC1E 6DE
開館時間：月曜～金曜 13時～17時

http://www.ucl.ac.uk/museums/zoology

グラント・ミュージアム　UCL(University College London)に属する、動物学博物館。大英博物館からもほど近い。たった1室の小さなスペースだが、マホガニーの標本箱にギッシリとひしめく標本。ホルマリン浸けであったり、骨格標本であったり、ピンで留められた蝶であったり、67000体を所蔵する、ロンドンで最も古い博物館のひとつである。中二階には蔵書の前で手摺に手をかけ、訪問者を見下ろす4体の骸骨。あなたが、「博物館好き」というジャンルに属すると思うなら、ここがあなたの夢の博物館です。

また、“フレンド オブ グラント・ミュージアム”になれば、自分の好きな標本を1年間「養子」にすることができる。といっても家にやってくるわけではなく、証明書をもらい、標本のタグに“adopted by ＊＊＊”と自分の名前をつけてもらえるという仕組み。もちろんこれは博物館の財源獲得のためだが、ただ寄付を募るよりシャレていて、寄付する方もなんだか余計嬉しくなる良い考えだ、と思う。気に入った標本に出会ってしまったら、受付に話してみよう。年間£15で里親になれる。

ところで展示物の中で最も恐ろしい標本は、アナコンダの骨格でもイリエワニの顎でもなく、体長5～6cmの小さなモグラ何十体かの、ガラスジャーにビッシリつまったホルマリン浸け。1体ならばなんということもなかろうものを、なんでこんなにビッシリ詰めてしまったのか。身の毛もよだつ光景である。恐いもの見たさで探してみてください。というか探さなくともわりと否応なく目に入るところに鎮座している。

グラントさんはエディンバラ大学でのダーウィンの師でもありました。

The Hunterian Museum at The Royal College of Surgeons of England
35-43 Lincoln's Inn Fields, WC2A 3PE
開館時間：火曜～土曜 10時～17時 http://www.rcseng.ac.uk/museums

ハンテリアンミュージアム　イングランド王立外科医師会に属することから想像できるように、解剖学的、病理学的コレクションに特化した博物館。なので、拷問用具ですか？と問いたくなるような昔の外科器具や、疾患のあるパーツが、まさにパーツとして展示されている。「アイルランドの巨人」チャールズ・バーンの骨格標本からウィンストン・チャーチルの差し歯まで。18世紀の外科医ジョン・ハンターによるコレクションを国が買い取り、後に、大学所有となった。

入り口のレセプションで「博物館に来た」と言って"visitor"と書いてある札をうけとり、帰るときに戻す。
学芸員によるガイドツアーは毎水曜1時から。最近改装された内装は、期待に反してキラッキラだが、その妙な清潔さが医学的展示とマッチしていなくもなく、これはこれで悪くない気もする。

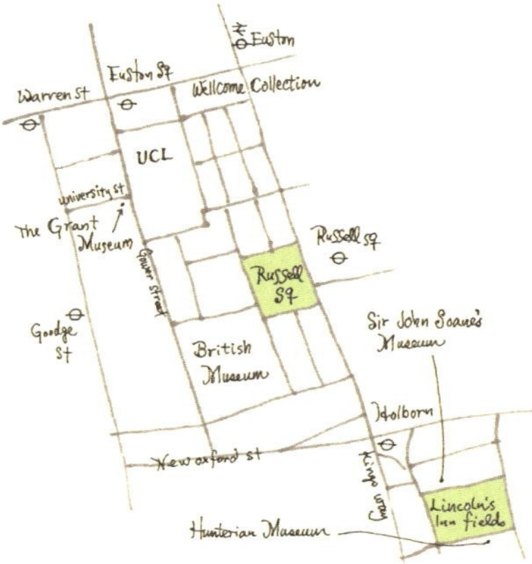

2. Secret Museums

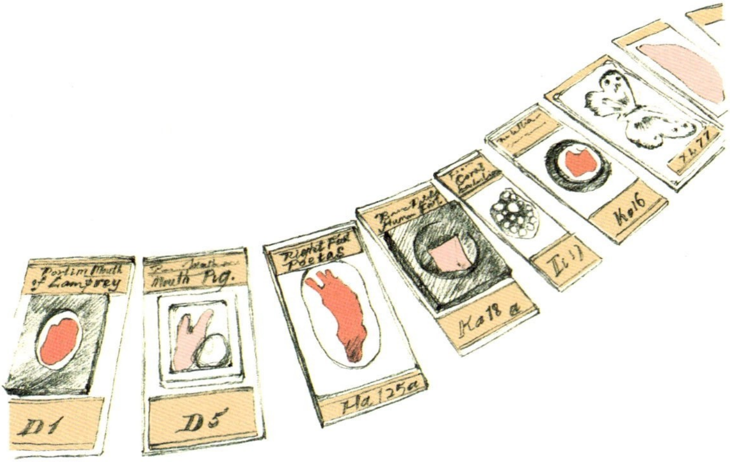

リンカーンズ・イン・フィールズという広場を挟んでハンテリアンとほぼ反対側にあるのが、**サー・ジョン・ソーンズ・ミュージアム**。こちらは前述の2つとは打って変わり、ホルマリン漬けの動物も骨格標本もない。バンク・オブ・イングランドを設計した、建築家ジョン・ソーンの建築家的観点で集めたコレクションを彼の自宅に偏執狂的勤勉さで詰め込んでしまった博物館。写真や絵ではわりとフツーに見えてしまうため、そのちょっと尋常でない過剰の美は中に入ってみないことにはわからない。そんなわけで、実はガイドブックにも載っており、国有博物館でもありながら、見事にスルーされる存在の、知る人ぞ知る秘密の博物館といった地位に甘んじていた。しかし最近は、却って「秘密の博物館」として、ロンドンっ子やヨーロッパからの観光客を中心に人気が出てきたため結構混んでいる。毎月第一火曜の夜は、薄暗い館内を蝋燭の灯りだけで見て回るというキャンドルリット・ツアーなるものが開催されており、こちらも昨今大人気。先着順200名限定で、人数に達したら残念ながらお帰りいただく、というシステムなので、早めに行って並ぶしかない。が、その価値はある。

Sir John Soane's Museum
13 Lincoln's Inn Fields, WC2A 3BP
開館時間：火曜～土曜 10時～17時 Candlelit night 18時～21時
http://www.soane.org/

これら3つの博物館に共通することとして、入場無料、写真撮影禁止。ただし絵は描いてもよい。
と、言われたら描かざるをえまい。入館するときに受付で、絵を描きたい、と断って了解を得よう。道具はエンピツまたはボールペンと小さめのスケッチブック程度。絵の具やチャコールは許可されない。
（グラントは自分だけの楽しみに撮る分や、研究者のリサーチ用の写真撮影は許可をとればオーケー。ハンテリアンには医学生だと思うが、メモやスケッチを黙々ととっている人がちらほらいて、持ち運びできる椅子も用意されている。ジョン・ソーンは特にせまいので、他の人の動きをブロックしないよう気をつける。知らずにブロックしていたとしても監視員が重々しく近づいてきて、そこ邪魔ですよ、と言ってくれますが。）

3. Wonderful Pearly Kings & Queens

パーリーキング&クイーンを探せ

3. Wonderful Pearly Kings & Queens

Guildhall Yardにて。赤いガウンは市区長達。

パーリーキング&クイーンを、ご存知だろうか。19世紀、ヘンリー・クロフトという人物が、孤児院や病院のためのチャリティーにお金を募るため、貝殻ボタンでピカピカに飾り立てた衣装を身にまとい衆目を集めるというワザを考案したところから始まった、ロンドン・ワーキングクラスを象徴する、文字通り人間国宝的人々なのだ。Pearly King of Highgateとか、Pearly Queen of Crystal Palaceとか、地域に根ざしているので、自分の地区代表を見つけるとなんだか嬉しい。彼らが一堂に会するのが、毎年秋に催されるハーヴェスト・フェスティバル。ギルドホール・ヤードに見に行ってみた。パーリー達以外にも、モリスダンサー(鈴のついたコスチュームでシャンシャンと棒やパイプ、ハンカチなどを駆使した舞を披露してくれるフォークダンサー)やバグパイプの演奏やマーチ、特に何もしないが場に花を添えるチェルシー・ペンショナー達と、盛りだくさんなハーヴェスト・フェス。

このあと、収穫物を驢馬や馬車や犬車に積んで、セント・マリー・ル・ボウ教会まで練り歩くのだが、この教会の鐘の音を聴くことができる地域で産声を上げた人だけが真のコックニー(生粋のロンドン下町っ子)だということだ。

ハーヴェスト・フェスティバル(収穫祭)なのでこういう山車(?)を犬が引いて、ここからセント・マリー・ル・ボウ教会までの道を練り歩く。

スカーレットコートに身を包むチェルシー・ペンショナーズ(ロイヤルホスピタル・チェルシーで年金生活を送る退役軍人達)。

こんなにたくさんのパーリー達が!! 圧倒的に年齢層は高いが、若手のプリンス、プリンセスもいる。

パーリーがどこに出没するかはこちらでチェック。
http://www.pearlysociety.co.uk/
http://www.thepearlies.com/

St Mary-le-Bow church

4. Alternative Theatres

オルタナティヴ・シアター

ロンドンに来たからにはやっぱり本場のミュージカルを見ないと。と言う人が多いのだが、いつも私はちょっと考える。**ロンドンってミュージカルの本場なのか？**それはニューヨークのブロードウエイじゃないのか？疑問に思いながらも興味がないのでこの思考はいつもこれ以上には発展しない。そんな私だが、一度だけ自らチケットを買って観に行ったミュージカルがある。「ボーイ・ジョージ物語」だ。確か2002年のことだった。正確には『Tatoo』というタイトルで、80年代に存在したTatooという伝説のクラブ（その虚飾の世界に当時高校生の私がどれだけ憧れたことか。振り返ると微笑ましい。私のロンドンのイメージはこれで決定したようなものだ。ポスト・パンク、ニューロマンティクス全盛の頃。）を舞台にボーイ・ジョージ本人が、本人としてではなく、Tatoo伝説を生んだリー・バウリー役で出るのだから、これはさすがにミュージカル嫌いの私でも観るしかあるまい。と思って行ったのだが、やっぱりどうもダメだった。ま、人には向き不向きというものがあり、ロンドンに来たからといって普段から見ない人がムリして見ても、きっといいことないですよ、ということだ。勿論ミュージカル好きの人はどんどん行ってください。

それでもまだ、せっかくイギリスに来たのだから。というなら、むしろどう考えてもシェイクスピアだ。グローブ座に行きなさい。劇場自体も雰囲気たっぷりだし、内容も既に知っていたり、よしんば知らなくとも簡単に予習できるのだから英語に自信がなくても大丈夫。こんな誰が見ても楽しめる演劇他にはそうそうないだろう。
http://www.shakespearesglobe.com/

もちろんグローブ座はオルタナティヴではない、王道中の王道。

このあと紹介する小劇場系は、fringe（フリンジ）と言われる。パブやバーを兼ねているところや、チョコレート工場だったところもあり、スペース的にもアンダーグラウンドなカホリのするところが楽しい。

THE OLD VIC TUNNELS entrance

2010年に Old Vic という老舗劇場が、Waterloo駅の下の広大なスペースをブリティッシュ・レイルから買い取り、アーチ型の洞穴状の通路をそのままアンダーグラウンドインスタレーション＆パフォーマンス・スペースにした。私が行ったイベントでは、その恐ろしくカビ臭いトンネルに入ると、2つのメインステージ、ブードゥーのスカル・ルームと十字架のかかったチャーチ・ルームというものがつくられていて、観客はその間を自由に行き来できる。ステージでは、火を吐いたり、ひたすらものを食べ続けたり、見世物小屋的パフォーマンスが繰り広げられていく。蟻の巣のような通路にはピンボールの並ぶ部屋や（真っ暗なのでピンボールの明かりだけがボワンと光る）フォーチュンテラーの部屋があり、あの恐怖映画に出てくる恐ろしげなピエロの占いマシンも置いてある。通路かと思った場所ではいきなり空中ブランコが始まったり、同時多発的にいろいろなショウが行われる。もしそうしたいのならバーにすわっていてもいい。

こういうショウをどうやって探すかというと、“cabaret”“burlesque”“circus”などで検索する。“London”と入力することも忘れずに。ここ数年フリンジ系の劇場に限らず、キャバレーがバーレスクやサーカスの流行と渾然一体となって盛り上がっている。もちろん、あの、日本のオジサンたちが行くアレではない。なので、「とりあえずミュージカル」の予定だった夜をこちらに置き換えてみてはいかがだろう。

4. Alternative Theatres

Fringe Theatre Venues in London (a selection)

King's Head Theatre
115 Upper Street
N1 1QN
http://www.kingsheadtheatre.com/
パブ&オペラという驚きの組み合わせ。

Lyric Hammersmith Theatre
Lyric Square, King Street
W6 0QL
http://www.lyric.co.uk/
金と赤の別珍の、アリスが出てきそうな劇場。

Menier Chocolate Factory
53 Southwark Street
SE1 1RU
https://www.menierchocolatefactory.com/
もとチョコレート工場。レストランだけでも利用可。

Old Vic Tunnels
Station Approach Road
SE1 8SW
http://oldvictunnels.com/
前ページ参照。

Riverside Studios
Crisp Road, Hammersmith
W6 9RL
http://www.riversidestudios.co.uk/
なかなか前衛的。映画館も。

Roundhouse
Chalk Farm Road
NW1 8EH
http://www.roundhouse.org.uk/
円形の作りを生かしてサーカス・シーズンを毎年展開。コンサートにもよく使われラインナップもある種最強。ジザメリ、マイブラ、などなど。

Sadler's Wells Theatre
Rosebery Avenue
EC1R 4TN
http://www.sadlerswells.com/
舞踏系の劇場。ピナ・バウシュ、バルタバスなどを見た。超メジャーなのだがフリンジ系。

Soho Theatre
21 Dean Street
W1D 3NE
http://www.sohotheatre.com/
20年代ベルリンと50年代NYが21世紀ソーホーで出会った、というキャッチフレーズ。キャバレー、ドラァグ系が充実。

BEST OF BRITISH FILM CLUB
NO.002
PRICK UP YOUR EARS

邦題：**プリック・アップ**（1987）

同性愛が違法だった60年代ロンドン、時代の寵児であった劇作家ジョー・オートンのセンセーショナルな実話をもとに撮られた作品。アレックス・コックス（彼も大好きなイギリス人映画監督のひとりなのだが、今回はスペースがなくて取り上げられず。）の『シド&ナンシー』で、前年彗星のごとく現れたゲイリー・オールドマンが主演。タイトルの“Prick up your ears”は直訳すると「耳をそばだてろ」となるが、ears が arse のアナグラムであることから同性愛行為を暗示する。従って残念ながら邦題は意味をなさない。さらに悲しいかな、公開当時のアオリは「幻のビートルズ映画を書いた男」だった。確かにオートンがビートルズ映画の脚本を依頼され、4人が同じベッドに入るシーンを盛り込んだため、ボツを食らう、というくだりはあるが、エピソードの1つに過ぎず、そんな虎の威を借るような姑息なアオリをつけなくとも十二分に中身で勝負できる映画なのに、と強く不満を持ったのを覚えている。余談だが、最初の方のシーンでは、デレク・ジャーマンが画家の役でカメオ出演している。（ジャーマンについてはp98以降取り上げる。）

私がとても好きな部分は、オートンと恋人のケネス・ハリウェルの2人が図書館から借りてきた本や図鑑を切り抜き、彼らのイズリントンのフラットの殺風景な壁をデコレートしていくところ。図書館の本自体にもカヴァーに茶化したコラージュを貼付け、こっそりと返却し、物陰からその本を手に取った人々の反応を密かに楽しむ、という遊びを始めた彼らだったが、最終的には激怒した図書館員の機転で証拠を押さえられ、器物損壊の罪で投獄される。獄中で独りで物を書き始めたことがきっかけで、オートンの劇作家としての才能が開花し、やがてそれは彼とケネスの間に埋められない亀裂を生み、陰惨な結末へと導くのだった。

監督スティーヴン・フリアーズ（“The Queen”を撮った監督、といえばわかりやすいだろうか）の前作“My Beautiful laundrette”（'86）も、移民と同性愛の2つのマイノリティを正面からとらえた映画で、今にもブレイク寸前のダニエル・デイ-ルイスが主人公の2人のうちの1人を演じる。今振り返ってもこの頃はイギリス映画の黄金期だったと思う。

さて、この彼らが通っていた図書館が、まさに私の行きつけの図書館だったということがわかったのは、イズリントンを引っ越してしばらくして、イズリントン図書館のギャラリースペースで、彼らの“損傷”した本の数々が展示されることになったからだった。

5. Blue Plaque Trail and more Walks and Crawls

ブルー・プラーク・トレイル、ウォーク、クロール

イズリントン図書館でのジョー・オートンとケネス・ハリウェルのコラージュ（つまり陵辱された図書館所蔵の本）の数々を展示する“Malicious damage”展の開催にあわせて、ジョー・オートンはじめ、イズリントンの文化人ゆかりの地を歩いてまわるツアー、というのがイズリントン・カウンシルによって企画されたので、喜び勇んで参加した。エンジェル駅に午前11時集合。予約不要。手にツアーのカードを持ったガイドのおじさんに会う。しばらく待ったが私以外誰も来ない。と、いうことでマンツーマン（英語では one to one）の個人ツアーになった。今にも雨の降りそうな冬の日の平日午前11時にジョー・オートンツアーに来る人は、まあ、私ぐらいだろう。おじさんは、「さて、それでは今から、おかしな話だけど規則なので、安全について説明します。」と言って（グループと）はぐれてしまった場合どうするか、など一通り（たった1人のツアーには）意味のない重要事項説明後、そのイズリントンを巡るツアーは始まった。

数年前しばらくこの辺りに住んでいたので土地勘はある。が、普段何気なく見ていた建物の正体が何だったかなど、住んでいるだけでは分からないので、知らないことだらけで面白い。ガイドのおじさんによると、「こういうツアーに参加するのは観光客より、貴方みたいな地元の外国籍の方が多いですよ。」ということだ。それはそうだろう。ピンポイントすぎるもの。

さていよいよオートンとハリウェルが住み、オートンが惨殺されたフラットに来た。グリーン・プラークに“ジョー・オートン 劇作家 1960-1967 ここに住む”とある。同時に、その横に“LET”の看板が出ているのが目に入る。誰かが新しく住むのだ。一瞬うらやましいような気もしたが、惨殺のあった現場だとわかっていて住む、というのは、仮に熱烈なファンであったとしても、ためらわれるんではないか、それとも借り主はそんな事件があったことなどまるで知らないのだろうか？などと、しばし借りない部屋の心配をし、結論も出ないので考えるのをやめた。しかし、思えば、イギリス中にほとんど壊されることなく残っているヴィクトリアンやジョージアンの建物では、いろいろな人が死んだり、たまには殺害されたりだってしているんだろう。と、初めて意識した瞬間でもあった。

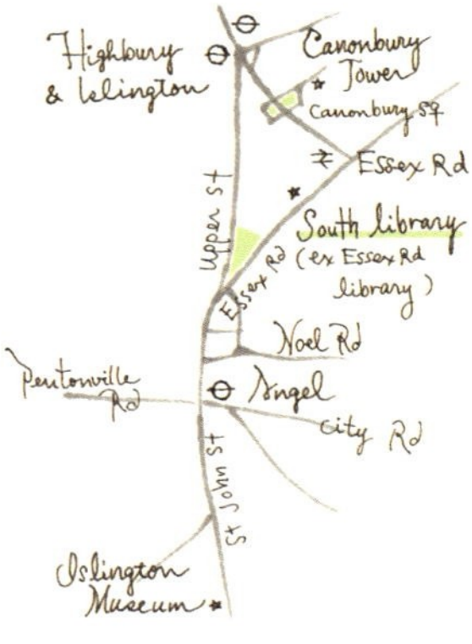

続いて、予期せぬことに、カムデン・タウン・グループの画家、ウォルター・シッカートのスタジオが、オートンたちのフラットの同じ通り Noel Road の斜め向かい側にあることを教えられた。シッカートもヴィクトリアン/エドワリアンのイギリスを代表する私の大好きな画家の1人だが、地味なので本国ですら一般にはあまり知られていない。ますますこのツアー、私のためにあるとしか思えない。

シッカートはフツウの人々や娼婦などを好んで描き、のちにルシアン・フロイドやフランシス・ベーコン(両方とも私が好きな英現代画家だ)などにも影響を与えたという筆致と、死にまつわるストーリーを想起させるタイトルセンスが秀逸。生きているのか死んでいるのか判別しがたい裸婦が横たわっている、不気味に清逸な絵 The Camden Town Murder というシリーズのひとつにつけられたサブタイトルは「あるいは家賃をどうしよう。」である。シッカートが切り裂きジャックだったのではないかという説もあるそうだが、まあ、そう思いたくなる気持ちもわからなくもない。さらに彼はオーブリー・ビアズリー(おそらく私が最も影響を受けた画家)がアート・エディターだった時のイエローブックにも載っている。つまりは、そういう画家だ。カタログなどに印刷されてしまうと、くすんでパッとしないのだが、生で見ると全く違う。とりあえずテート・ブリテンに行けば何点か見られるはずなので行ってみよう。話を戻して、Hanging Garden of Islington(イズリントンの首つりの庭)という絵は、このスタジオの裏の庭が描かれている。絵を見てみると、実は首つりではなく、別のものが吊るされているのだが…。興味のある方は是非トレジャーハントの一環として探してみてほしい。

カムデン・タウン・グループというからには、イズリントンだけでなくカムデンにも住んでいたわけで、シッカートのブルー・プラークは Mornington Crescent の猫の裏にある。(この猫も、前を通る度、一体何なんだろうと思っていた不思議なアールデコ猫。)たまたま、誰のブルー・プラークだろう、と思って、見上げてそれがシッカートのものだと発見した時は言いふらしてまわりたいような感動だった。が、誰もシッカートを知らなかったので不完全燃焼に終わった。

こっちにハンギングガーデン。

Mornington Crescent の猫

Canonbury Tower

次に見たのはこの建物。古くはヘンリー8世がクロムウエルに与え、一時期、フランシス・ベーコン(こちらは教科書に出てくる哲学者の方のベーコン。イドラの人。)も住んだというセレブ塔。ちなみに画家の方も彼の血縁らしい。画家のベーコンのプラークは彼の生地ダブリンと、サウスケンジントンのスタジオ跡にある。しかもそこはジョン・エヴァレット・ミレー(『落ち穂拾い』じゃないですよ、水面を流れる『オフィーリア』を描いたラファエル前派の人ですよ。またもや私の好きな画家。)のスタジオでもあった。凄くないですか?

それからキャノンベリー・スクエアというところに行くと、ヴァージニア・ウルフらの住んだ家、そのすぐご近所にジョージ・オーウエルの住んだ家があり、ツアーのおしまいはシッカートのアートスクールで締められた。Highburry & Islington 駅で終了。所要約2時間。尚オートンのコラージュはイズリントン・ミュージアムで常時数点は見られるので興味のある方は行かれたし。(p32地図参照)

シッカートのアートスクール(上)と、
モーニントン・クレゼントの自宅兼仕事場(右)。

さて、自分好みのガイドつきウォーキング・ツアーは"London + guided + walks"とかなんかで検索し、さらに気になるキーワードをいれて地道に探すしかありません。頑張ろう。頑張っても見つからなかった貴方や個人行動しかできない貴方のためには、このあと、私が歩いたDIYルート3つを紹介。

ブルー・プラークとは

イングリッシュ・ヘリティッジ（英政府による、イングランドの歴史的建造物及びモニュメントを保護する公共団体）によって発行される主に円形の青いプレートで（長方形や茶色などのこともある）、その建物に著名人が居住または仕事場としたことを表す。但し、死後20年または生誕100年以上である必要がある。ロンドンだけで約850あり、毎年12ずつ追加されているそうだ。それ以外にカウンシル（地方自治体）や他の団体が発行するプラークも多数あり、カウンシル系は緑色であることが多い。
博物館にでもなっていない限り、家の中に入れる訳でもないし、大体はもう別の人が住んでいるし、好きな作家や画家のプラーク探しなんていうものは完全に自己満足の領域だが、まさに宝探しの真骨頂だ。ここで彼らが眠り、制作し、息をしていたのかと思うとちょっと不思議な、説明のしがたい感覚に囚われる。わざわざ住所を探してつきとめに行ったことはなかったが、見つけるとこれが実に嬉しいものだ。ただなぜだか私の場合ミュージシャンにはそういう感慨がない。建物と結びついている感じがしないからか。自分が音楽を生み出す人間でないからか。ちなみにビアズリーのブルー・プラークはピムリコにあるがまだ行った事はない。

http://www.english-heritage.org.uk/discover/blue-plaques/search/
ここにLennonとか、Handelとか、名前を入力すれば、どこにお目当ての人のプラークがあるか探せます。Curtisはなかった。Mercuryもまだない。Bolanのブルー・プラークはないが、ハックニー・カウンシルが発行したものはある。そんな場合は“Plaque + Bolan”というふうに検索。

i) Hampstead Intellectuals Trail

ハムステッド・インテレクチュアルズ・トレイル

The Freud Museum
20 Maresfield Gardens, NW3 5SX
http://www.freud.org.uk/

フロイト・ミュージアム。説明不要の精神分析学の父、ジークムント・フロイトがナチによる迫害を逃れてイギリスに亡命後、亡くなるまでを過ごした家。中に入ると、実際彼が患者のカウンセリングに使用した長椅子などが薄暗いグラウンドフロアーにそのまま置いてある。中二階にあたる建物正面の大きな窓のところが、一部屋分くらいある、これまた大きな踊り場になっていて、広々したテーブルと、それを囲んで観葉植物が置いてある。そこに陽が燦々と降り注ぎ、ちょっとした温室のようで、むしろ私はこの踊り場に住みたい、と思った。また、上の階に、2011年アート界に惜しまれつつ亡くなった孫のルシアン・フロイド（フロイトはドイツ語読み、フロイドは英語読み）の植物画と、フロイトが外出時はいつも着ていたというコートが飾ってあった。庭がまた素敵なので忘れずに覗いていこう。最寄り駅: underground:Finchley Road, overground:Finchley Road and Frognal

カムデン・アーツ・センター
Arkwright Road, NW3 6DG

ちょっと面倒くさい立地なのでなかなかマイナー感があるが、いつも若手現代アーティストの質の良い展示をしている。建物もいい。カフェ＆庭もある。フロイト・ミュージアムとセットでどうぞ。

このあとハムステッドまで10〜15分ほど歩く。緑深い高級住宅街なので、ただ家々を眺めながら歩いても楽しい。ハムステッド駅周辺はロンドンには珍しい洒落たカフェ密集地帯であるにもかかわらず、どのカフェもいつも混んでいる。かといって、混んでいないところに入ると大外れを引くことになるので、見極めが肝心。この辺りには、2つのナショナル・トラスト（イングリッシュ・ヘリティッジと同様、歴史的建造物の保護団体）の建物 **Fenton House** と **2 Willow Road** がある。また、その2つの中間には、1704年に建てられたという **Burgh House**、ウイロウ・ロードのすぐ近くに詩人キーツの **Keats House** がある。キーツ・ハウスまで来たら、ハムステッド・ヒースが目の前だ。

ハムステッド・ヒース駅すぐの入り口からヒースに入ると、この池が目に入る。

中に入っていくと、都心の公園と違いワイルドだ。歩くのもいいが、昼寝したり、本を読むのも至福。ワインとチーズとパンがあれば更に幸せだ。

ところでヒースのどこかに悪名高いゲイの発展場(ジョージ・マイケルの件などでも有名)がある。のは知っていたが、正確な位置までは知らなかった。が、ある9月の真夏のような日、誰もがうきうきとハムステッド・ヒースに向かった日、偶然、それは発見された。広がる芝の上で異様なオーラと熱気を発する男だけの一角。そこだけなんだかねっとりと蒸し暑い。知ってか知らずかピクニックシートを広げるヘテロカップルが一組。いいのか。そこでいいのか。と、心の中でよけいなことを気にかけながら通り過ぎた。

ヒースには Men's Pond、Ladies' pond、Mixed pondがあって、夏期は泳ぐことができる。更衣室もある。

これだけ広大だと、あまり人気のないところに行くといろいろとよろしくないので、気をつける。いとも簡単にひとりぼっちになる。自分がどこにいるのかわからなくなったらとりあえず、ヒース内にある、**Kenwood House**に向かうと良い。誰に聞いても教えてくれるはずだ。

ケンウッド・ハウスのとなりの **The Brew House** というカフェで朝食をとるのが私の野望なのだが、なかなか朝から来られない。夏は手前のオープンエアシアターでピクニック・コンサートが行われる。芝の上で座って聴くこちらもたいそう気持ちがいいらしいので行こう行こうと思いながら果たしていない。が、2012年はキャンセルになってしまった。今後復活する予定ではあるらしい。

もし、あなたが万が一、超人的スピードでここまでこなし、この時点でまだ午後3時ごろだ、というようなことがあるならば、この後、ハイゲイト・ポンド側から道路に出る。東向きに坂を下っていくと、**ハイゲイト・セメタリー**が道沿いに見えてくる。(墓標が道から見える。)カール・マルクスから最近ではマルコム・マクラーレンまでが眠る墓地。ハイゲイト・ヴァンパイヤが徘徊するとかしないとか。East Cemetery と、より古い West Cemetery があり、平日のWest Cemetery に入るにはあらかじめ電話予約が必要だ。

http://www.highgate-cemetery.org/

Highgate Cemetery エントランス

ii) Victorian Legacy Walk around Crystal Palace

クリスタルパレス・ヴィクトリアン・レガシー・ウォーク

ヴィクトリア朝の名残を求めて。1851年、ハイドパーク。万国博覧会の会場として建設された鉄とガラスの壮麗な水晶宮—クリスタルパレスは、会期後、遥か南のシデナムにそっくりそのまま移転し、1936年の大火で焼失するまで、徐々に衰退はしながらもテーマパークとして賑わった。最寄駅は Crystal Palace または Penge West。

焼失してしまったのでは行く意味がないじゃないかというと、そんなことはない。恐竜の池がある。なにしろその研究がまだまだ進んでいないヴィクトリア時代に作られた恐竜像なものだから、骨格やらなにやらいろんなところが、見るからに変なのだ。そこがなんともユルくて素敵なので是非ヴィクトリアン気分で鑑賞していただきたい。思った以上にゴロゴロといて楽しい。

パレスのあった場所には、今は礎と、ポツポツと壊れた石像が過去の栄華などなかったかのように建っているのみ。ただ公園が広がる。この日はあまりによい天気だったので結構人がいたが、普段はもっと閑散としているそうだ。

が、ひっそりと佇むスフィンクス像をみつけてテンションがあがった。さすがクリスタルパレス。あなどるなかれ。

とはいえ、これでもう見るものは出尽くした。まだ深く知りたい人は園内にあるクリスタルパレス・ミュージアムに足を運ぼう。

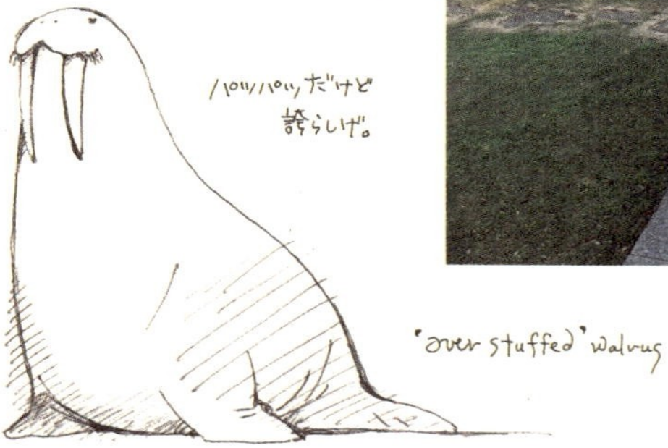
パツパツだけど
誇らしげ。
'over stuffed' walrus

続いて、オーヴァーグラウンド(地下を走るアンダーグラウンドに対して地上を走るのがオーヴァーグラウンド。近年整備されて新しい駅も増え、ぐっと便利に。)を使い、クリスタル・パレスからもペンジ・ウエストからも2つ目の駅、フォレスト・ヒルの**ホーニマン・ミュージアム**に行く。ここもひそかな固定ファンを持つヴィクトリアン・イアラの混沌とした博物館。惜しむらくは、なのか、性質上いたしかたないのか、ちょっと剥製の状態が悪い。剥製の状態が悪いと、かえって生々しくなる、ということがよくわかる。ここの目玉は中央に展示されるパッツンパッツンの巨大なセイウチだ。こちらもクリスタル・パレスの恐竜同様、19世紀英国人剥製師が本物のセイウチを見たことがなかったため、タルんだセイウチの皮を引っぱれるだけ引っぱり、シワをのばせるだけのばし、そして詰められるだけの詰め物をしてしまった結果こんな恐ろしいことに。このパツンパツンがまさにみどころであり、愛されどころである。水族館と、庭もある。実にユルユルのピクニックに最適だ。水族館のみ有料。温室が素敵。

Horniman Museum
100 London Road, Forest Hill, SE23 3PQ

Grade II listed Victorian Conservatory

iii) Beautiful Richmond Walk

ビューティフル・リッチモンド・ウォーク

ロンドン南西郊外の、その名の通りリッチなレジデンシャル・エリア、リッチモンド。ミック・ジャガーも住んでいるリッチモンド。650頭の鹿のいる公園リッチモンド・パークのあるリッチモンド。私の持っていたリッチモンドの知識はこんなものだった。
10年程前、数ヶ月間隣駅のキュー・ガーデンズに住んでいたときは、時々丘や川沿いのカフェに来ていたのだが、たまたま、リッチモンド近くのギャラリーで気になるエキシビション（リチャード・ダッド。狂気と正気の狭間で絵を描き続けたヴィクトリアンの画家。）があって久しぶりに行ってみた。建物が八角形だということで胸が高鳴る。

St Margarets 駅を降りて駅前の道をテクテク歩く。リッチモンドとは近所とはいえまったく雰囲気が違うが、ちらほら良さげな店もあり、初めて降りる駅は探検のようで楽しい。

Orleans House Gallery
Riverside, Twickenham, TW1 3DJ

ご近所の人々の憩いの場になっているミュージアム・カフェ。バターナット・スクワッシュのスープがみっちりしていて美味しかった。

角の雑貨屋で道を確認し教えられた通り、道沿いの塀にあった扉を開けて小さな森の中へ。間違えたかな？と不安に思い始めた頃ふいに現れた八角形のギャラリーは期待通り可愛らしい。 小さなギャラリーなのであっという間に見終わって、リッチモンドに向かって川沿いの散歩道、water foot pass を歩くことにした。

Marble Hill House

Petersham Meadows

The Royal Star and Garter Home

途中可愛らしいジョージアンの邸宅**マーブルヒル・ハウス**が左手に見える。その対岸には、100年続くというフェリー（3月1日から10月31日までは毎日、冬期も天気が許せば週末は運航）で行くことができ、そうすると、17世紀のゴージャスな邸宅**ハム・ハウス**がある。実はこの辺り、すてきな邸宅だらけだ。遠回りしてリッチモンドと反対の方向に行くと**ストロベリーヒル・ハウス**というジョージアン・ゴシックの、お城のような邸宅もある。

フェリーの姿が見えなかったのでそのまま散歩道を歩き続けていくと、牛が放牧されているのが見えた。

やがて丘の上に見えてくる由緒ありげな赤い建物は退役軍人のケアホーム、**ロイヤルスター＆ガーター**。このすぐそばに**リッチモンド・パーク**へのゲートがある。

30分ほど歩き続け、リッチモンド・ブリッジを渡ると見慣れたリッチモンドの街が現れた。今回はそこまで足を伸ばさなかったが、是非**リッチモンド・ヒル**に登り、丘からのアイコニックな眺めを堪能してほしい。

リッチモンド・ブリッジを渡った夕方のテムズ川沿いでパブに座っていたらみるみる潮が満ちてきてベンチの脚が水に浸かってしまった。そんな事態に誰も慌てる様子もないので、パブの女の子に「これって毎日なの？」と聞いたら「1週間に1回くらいよ」と言っていた。30分後くらいにはまた潮が引いて、ニューズスタンドのお兄ちゃんはおもむろに膝上までのゴム長を履き、水が引いた後の掃除を始めた。後日、リッチモンドの川沿いってまるでヴェニスのように浸水するの知ってた？と周りに聞いてもリッチモンドで大学時代を過ごした友人以外誰も知らなかった。リッチモンドが地元の人には当たり前のことすぎて、今更話題にも上らないので広まらないようだ。ちょっとしたロンドンの秘密を知った気分。ちなみに牛のいたあたりもいつも浸水するらしい。だから行けない時間帯もある。

リッチモンド・パークでは乗馬もできる。鹿がいるのは王家の狩猟場であったから。モデルルートは、朝からハードにこなせば1日で制覇できるが、セカセカ見て回るような所でもないので、できれば2日かけたいところ。

＊モデルルート＊

1)オーリーンズハウス・ギャラリー
2)マーブルヒル・ハウス☞フェリー☞ハム・ハウス
3)川沿いの散歩(ウォーターフットパス)
4)リッチモンドの丘+リッチモンドパーク

Very British Tea Party

紅茶の蘊蓄

アフタヌーン・ティーとは、レイディーの社交の場。午后4時頃から1時間くらいかけて嗜む長々としたお茶とお喋りの優雅なひとときです。19世紀、食事は1日2回であったため、その間の空腹に耐えかねた公爵夫人によって発案されたのだそうな。

ミルクは紅茶を注ぐより先にカップに入れるか、紅茶をいれた後のカップに入れるかで、議論がありますが(あるんです、本当に。)コトの起こりはそもそも、昔、カップの質が今ほど良くなく、従って丈夫でなかったため、熱い紅茶をそのまま注ぐと割れることがあり、それを防ぐために、まず冷たいミルクを入れておく。という生活の知恵にあったようだ。やがて、質の良い陶器や陶磁器が出現するが、まだまだ高価で一部の上流階級にしか手が届かなかった。そこでお金持ちは自分のリッチさを誇示するため、「ホラ、うちのカップはミルクを先に入れなくても割れたりしない上等なものなのですよ」と、ミルクを後で入れるようになったという。
ということなので、この議論に関しては、たいてい熱湯を入れてもカップは割れないのが当たり前、の今となっては、「どうでもよい」と結論づけたがいかがか。私個人的には紅茶の色を見ながらミルクの量を加減できる「ミルクは後から派」の方が、合理的だと思う。

スコーンは、ナイフで半分に割ってクロテッド・クリームとジャムをつけて食べる、という人と、イヤイヤ、ナイフを使ってはいけない、フォークで割ってお食べなさい、という人にまずわかれる。でもそれが一番食べやすいのでだいたいの人はやっぱりまん中をナイフで水平に切る。そして、塗る順番はクリームが先か、ジャムが先か、でまたしても意見が分かれるのだが、大まかに言って、ジャムが先派の方はクリームの上からジャムは塗りにくい。と主張し、クリーム派はバターのように考えればクリームが先だろう、という主張。な、気がする。私はこれも、わりとどうでもいいと思う。強いて派閥に入るなら、「クリームはクロテッド・クリームじゃないと嫌派」である。

Cream Tea

アフタヌーン・ティーの最小単位、クリーム・ティー。
＝スコーン
＋クロテッド・クリーム
＋ジャム
＋勿論、紅茶（with milk）。
おやつにはこれくらいが適量。

Jam first?

Full Tea

= afternoon tea

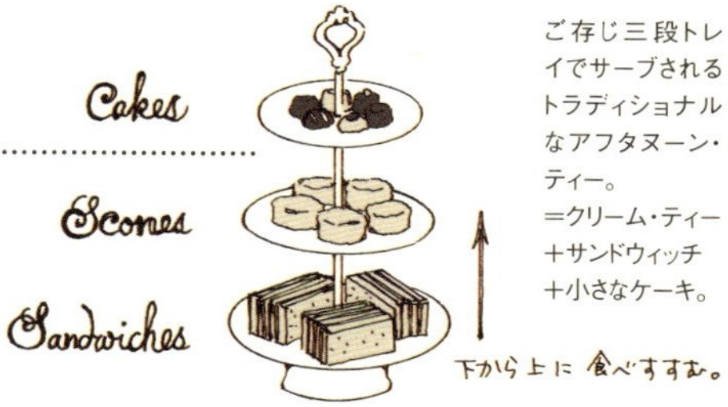

ご存じ三段トレイでサーブされるトラディショナルなアフタヌーン・ティー。
＝クリーム・ティー
＋サンドウィッチ
＋小さなケーキ。

Champagne Tea

スマートなホテルやギャラリーなどでアフタヌーン・ティーと一緒にシャンペンも出す、というのが、ここ数年流行っています。ま、どちらでも。

High Tea

ハイ・ティー、というと、なんとなくハイソなイメージに聞こえるので、アフタヌーン・ティーと混同しがちだが、実は対極にある存在。ワーキングクラスの家庭で仕事から帰って夕方5時以降にとる、『食事』のことをいう。食卓が(物理的に)高いことからハイ・ティーというらしい。(アフタヌーン・ティーはロー・ティー。)もはやほぼ絶滅しかけた習慣ですが、北の方では今も残っているようです。夕食のことをTeaということがあるというのは、頭に入れておくといいかも。しかし、この「クラス」という言葉が日常的に、頻繁に使われることに、未だに私は違和感を禁じえないが、使わないといろいろなことが表現できなくなるので使わざるを得ない。どこまでもいつまでも階級社会ですなあ。

Builders' Tea

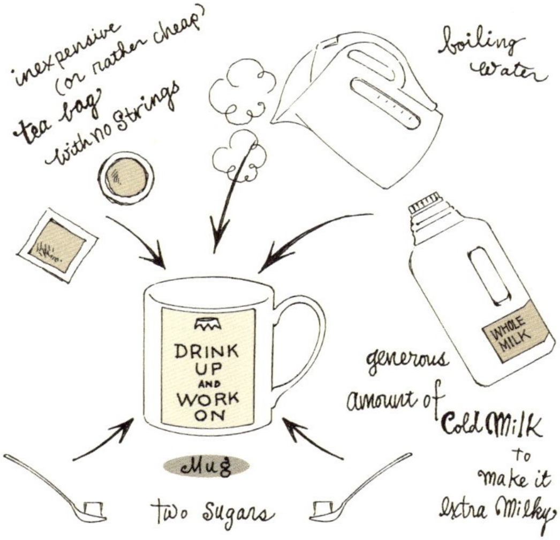

ビルダー(建設建築、土木関係従事者一般)が飲むという、強い濃い(そして甘い)紅茶のいれ方です。(眠気をさます、血糖値をあげる、指先を暖める、などさまざまな効能があります。)仕事に取りかかる前、全員にいちいち砂糖はいくつ？ミルクは？と聞く手間を省くため、一律こうなったらしい。ビルダーズ・ティーというと、このいれ方です。

実際、屋根を直しに来てもらった人に、「お茶いれるけど飲む？」と聞くと、深い頷きとともに「砂糖は2つ。」と、答えが返ってきて、やっぱり砂糖は2つなのか。と思いました。しかし、お茶を飲まないと仕事が始まらないっていうのが共通の前提なのが、やはりこの国。9時から仕事を始めても、10時には"tea?" で、お茶の時間。実際誰もがマッドハッター並に茶ばかり飲んでいます。

別の職種の人が飲んでもビルダーズ・ティーはビルダーズ・ティー。

イギリスの田舎には本当にプーがプースティックを落として遊んだ川があるんだって知ってた？
ほらイーヨーが仰向けで流れてきた。

ロンドンからの小さな旅

1 Scotland

2 South East England

3 Prospect Cottage 2012

スコットランドは素敵だ。特に田舎は景色が違うし、空気の透明感までもが違う。

スコットランド訛は分かりにくいというけれど、東北弁とイントネーションが似ていて、東北弁を聞くように聞くと意外といける。私にはコックニー（生粋のイーストエンド・ロンドナー独特のアクセント）の方が未だに難しい。

まだまだスコットランドには行ってみたい所（特に島々）が山積みなのだが、寒いから、雨だから、夏に夏に…と思いつつなかなか行けていない。同じ理由でウェールズにもなかなか行けない。（そもそもイギリス国内はどこをとっても夏が一番良いに決まっているのだ。）今後の課題。

Scotland

スコットランド

Edinburgh

Glasgow

Isle of Arran

Edinburgh《エディンバラ》

中世度★★★★★
こぢんまり度★★★★★

Good for ... Medieval Buffs

滞在日数目安：2日以上

☜ How to get there ☞

空路：London 各空港からEdinburgh 空港に約1時間20分。
空港から市内にバスまたはタクシーで約25分。
陸路：London Kings Cross 駅から約4時間半。

私がエディンバラを訪れたのはもう随分前のことになる。クローン羊のドリーが2003年のヴァレンタイン・デーにその創り主のロスリン研究所の手によって安楽死させられた翌年、スコットランドのロイヤル・ミュージアムに剥製となって安置されたらしいという情報を元に、ほぼそれを見るためだけに行ったのだった。ので、若干その頃とは街並が変わっているかもしれないけれど、旧市街と新市街が丸ごと世界遺産登録されているくらいだから、基本的にそんなには変わっていないことでしょう。

そんなわけで動機としてはドリーがメインであったが、エディンバラには古いお城もあるし、パレスもあるし、ナショナル・ミュージアムもあるし、ハーヴィー・ニコルズもある。まるでロンドンのいい所をギュっと圧縮して固めたようなかんじでありながら、ロンドンとはまた随分違い、なんだかやたらと良い印象しかない。中世のままの趣が良いのだろう。東京と京都の違いみたいなものか。その上総じて人々がとても親切だ。

そんなエディンバラ・トレジャーハント。

Day 1

Task 1：まずはやっぱり、岩上に聳えたつ**エディンバラ城に行ってみよう**。さすがに見応えがあって、しっかり見ると時間がかかる。1861年からほぼ毎日鳴らされている**One O'clock Gun（1時の大砲）を聞こう**。（ほぼ、ってなんだろ、というのはおいといて。）

Edinburgh Castle

Task 2：エディンバラ城からホーリールードハウス宮殿をつなぐハイストリート、**ロイヤル・マイルを歩こう**。エディンバラが京都なら、ここは、つまり新京極だと思ってほぼ間違いない認識です。タータン工房がデンと構えていたり、いかにもな土産物屋がひしめくが、でも時代がかっていてこれはこれでいいのだ。

Royal Mile

迷路のような脇道を覗くと、タイムスリップしたような感覚に陥る。

こういう小道がたくさん。

St Giles' Cathedral

Task 3：ロイヤル・マイルにある**St Giles' Cathedralに入る**。どこの部分だったかの天井が、一見虫の卵が一面に産みつけられているかのようななんともグロテスクでかつ壮麗な装飾で、ゴシック好きならもうちょっとその場から動きたくなくなるデカダンさ。この天井を見逃したら一生の不覚。

National Museum of Scotland

Task 4：**ドリーと記念撮影**。St Giles'を南の方に行くと、Museum of Scotland と Royal Museum が合併して2011年夏にリオープンしたばかりの National Museum of Scotland が。ここに、ドリーはいます。

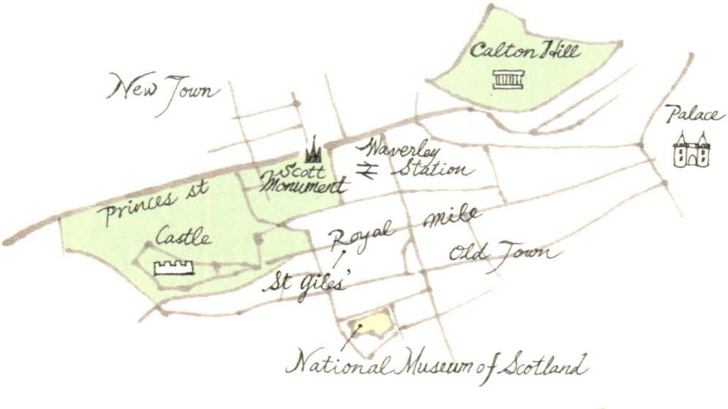

R.I.P. Dolly the world's most famous sheep

Scott Monument

ここにスコットさん。

Task 5：スコット・モニュメントに登る。 プリンシーズ・ストリートより北がニュータウン（新市街）。といってもジョージアン・ニュータウンなので、18世紀にできた街。ゴスなオールドタウン（旧市街）より数世紀新しいだけでそんなにすごくニューなわけではない。プリンシーズ・ストリート沿いに、ヴィクトリアン・ゴシックの、サー・ウォルター・スコットのモニュメントがあるので、是非287段数えながら窮屈な螺旋階段を登ってみてほしい。眺めがどうとかそんなことに拘わらず、そこにゴスな塔があり、ましてや螺旋階段があれば、とりあえず登る。これ鉄則。

たぶんここらへんで1日終了。これだけ出来れば上出来。

Task 6：ハギスを食べよう。 スコットランドのナショナル・ディッシュなので食べておこう。主に羊の心臓、レバー、肺で出来ている（デザートではない）プディング状のもの。羊好きなら食べるべきか、食べざるべきか大いに悩む所。

Spooky thing to do

ヨーロッパの古い都市にありがちですが、ここエディンバラにもゴーストツアー（いわく付きの場所につれていってくれるウオーキング・ツアー）なるものがあり、聞くところによると、セッティングがセッティングなので、かなり本気で怖いらしいです。それが本当にしろ子供だましにしろ、どっちに転んでも嫌なので私は参加しませんが、夜まだパワーが残っている人は、ものは試しに参加してみてはいかがか。

Edinburgh

Day 2

Task 7 : 朝食はスコティッシュ・ブレックファストで。 イングリッシュ・ブレックファストの内容に、プラス、キッパー(ニシン)とポリッジ(オートミール)が入るのが特徴。私は朝からキッパーかぁ、と、かなり荷が重かったのだが、考えてみれば旅館の朝食の焼き魚だと思えば問題解決。郷に入れば郷に従え。ハギスが出る所もある。

Task 8 : ロイヤル・マイルのおしまい、**ホーリールードハウス宮殿に行ってみよう。** ここは今もロイヤルファミリーがエディンバラ滞在中は使用しているので、止ん事無き方々のおわす時には一般人は入れません。そんな時にあたったらアンラッキー。廃墟になったアビーは必見。

Task 9 : カルトン・ヒルに登ろう。 不可解なパルテノン神殿のミニアチュア版のようなモニュメントはじめ(ナポレオン戦争の戦没者達のためのものらしい。しかも未完成に終わっている)、たくさんのモニュメントが林立するちょっと不思議な丘。エディンバラを一望できる。あまり人もいなくて気持ちが良かった。

Task 10 : 男子は1着キルトを仕立てよう。 どういう訳だか、もれなく男前度3割り増し。スカート男子デビューにもお勧め。

以上、エディンバラ・トレジャーハント。

Palace of Holyroodhouse

Calton Hill

BEST OF BRITISH FILM CLUB NO.003 TRAINSPOTTING

邦題：**トレインスポッティング**（1996）

　今回選んだ他4作に比べて私の中では、この作品にはそこまでの思い入れはない。公開当時、鳴り物入りだったせいで期待が膨らみすぎていたのか、トレーラーが良すぎたせいか、（トレインスポッティングの中で一番良かったのはトレーラー。というのが私の周りでは定説となった。）いざ見てみると、なんてダラダラした映画だ。と思った。ジャンキーの戯言はもう飽き飽きだよ、という部分もある。今見るとたった93分なのに2時間くらいある映画だと思い込んでいた。それでも、エディンバラ・シーンを描いたスコットランド映画なので、今回の film club 候補に入れて、もう一度見てみたら、実によくできた映画だった。多分、この頃の私は違うものを求めていたのだろう。いつも思うのだが、読み取り手が未熟なために理解されなかったり、つまらない、と評価されるのって理不尽な話だが、それは常に起こることでもある。昔ダメだったものを時が経って見直すのも大切だなあと思うこのごろ。ただ、よくできた映画、というのと、ガツンとくる映画というのは違うから、やはりこれは他の4つとは別枠扱いですが。

　ところで、スコットランド訛は、東北弁に似ているから結構いける、と書きましたが、それは間違いでした。いや、難しい。きっと結構いけるのは、面と向かってゆっくりわかりやすく話してくれているからなのだな。と、いうことにも気づかされ、反省。

　さて、レントン（ユアン・マクレガー）がロンドンに出てきて、不動産屋に勤めるところ。ロンドンの不動産屋は、こざっぱりしていて、愛想が良くて、口先ばかりなのも見え見えだが、やる気はある！という若いオトコノコが、今はちょっと残業とか休日出勤とか毎日ハードだけど、笑顔でできるだけたくさんの契約にこぎつけて荒稼ぎして次に行こうとしている、まさにあんなかんじ。英語が母国語のアイルランドや南アフリカから来ている、という人も多かった。

　舞台がスコットランドからロンドンに移ったとき、ロンドンのアイコニックなシーンがいささか説明的に繰り広げられる中で、パーリー・キング&クイーンがにこやかに手を振っていたことに貴方は気づいたか？

Glasgow《グラスゴー》

マッキントッシュ度★★★★★

Good for ... Mackintosh Devotees

滞在日数目安：1日以上、個人のマッキントッシュ指数による。

☜ How to get there ☞

空路：London各空港からGlasgow 空港に約1時間半。空港から市内までバス、車で約20分。
陸路：London Euston 駅からGlasgow central 駅に。約4時間半。

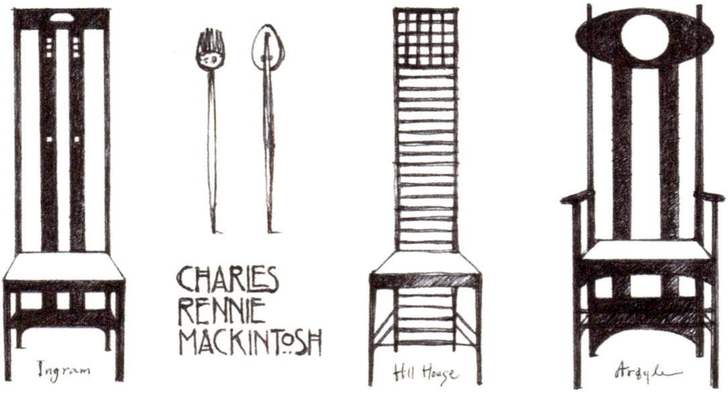

グラスゴー。チャールズ・レニー・マッキントッシュ（1868-1928. UKアールヌーボーを代表する建築家、デザイナー、アーティスト）の街。ここに来たからにはマッキントッシュの跡をたどるしかないだろう。バスや地下鉄乗り放題パスとマッキントッシュ関連の建物の入場券がセットになったワンデイ・マッキントッシュ・トレイルチケットなどという便利なものもあるので、ガッツリ見たい人は利用するとよいでしょう。マッキントッシュ・ソサエティのHP（†）またはインフォメーションセンター等で購入可能。

The Glasgow School of Art
167 Renfrew Street, Glasgow, G3 6RQ

マッキントッシュが設計した中でも最も有名な建物。現役のアートスクール。Central Station、Queen Street Stationのどちらの駅からも徒歩10〜15分。ただし実際歩いてみると坂の上にあるため意外と遠く、荷物があるとつらい。そんな理由で私はマッキントッシュ・ビルディングツアー（††）の集合時間に間に合わず、建物の周りをぐるっと回って入り口のショップでティータオルだけ買って帰ることになった。また来るからいい、と、その時は思いましたが、実現していないので、みなさんはちゃんと予定を組んだ方がいいですよ。

The Willow Tea Room
217 Sauchiehall Street,
Glasgow, G2 3EX

マッキントッシュが外装も内装も、カトラリーからウエイトレスの制服のデザインまで一切合財手がけたティールーム。ここでとりあえずミーハーに一息ついて満足する。私の場合、後述のアラン島に行くついでに立ち寄ったグラスゴーだったので、これくらいが限界か。確かここは予約しました。観光客で一杯でしたが、仕方なかろう。

行っていないけど行きたいところ。

The Mackintosh House
The Hunterian
University of Glasgow,
University Avenue,
Glasgow, G12 8QQ

グラスゴー大学付属の博物館&アートギャラリーの中に、なんとマッキントッシュの家を丸ごと再現。それだけでもう十分興味津々ですが、ハンテリアンという文字にオヤ?と思ったあなた、そうです。このハンテリアンの名前の由来であるウイリアム・ハンターは、ロンドンのハンテリアン・ミュージアムのジョン・ハンターの実の兄。病理、解剖学及び標本蒐集に並々ならぬ情熱を傾けた兄弟は、グラスゴー近郊で生まれ育ち、ロンドンに移り住んだ後、さらにそれぞれの道を追求し近代医学に多大な貢献をしたそうな。ハンテリアンは、the Hunterian Museum、Hunterian Art Gallery、the Zoology Museum、the Anatomy Museum から構成されている。

---

† Charles Rennie Mackintosh Society：
マッキントッシュ情報収集はこちらから。
www.crmsociety.com

†† The Mackintosh Building Tours：
所要約1時間のガイドツアー。アートスクールの学生または卒業生が案内してくれるのだそう。
ツアー開始時間が決まっているので要確認。予約はオンラインでも可能。
www.gsa.ac.uk/visit-gsa/mackintosh-building-tours/

Isle of Arran《アイル オブ アラン》

ワイル度★★★★★
奇観度★★★★★
不便度★★★★

Good for ... Walking

滞在日数目安：3日以上

☜ How to get there ☞

Glasgow central 駅から：列車で Ardrossan Harbour 駅に。
Ardrossan 港からフェリーで Brodick 着。

Glasgow 空港から：Paisley Gilmore Street 駅までタクシー利用、
列車でArdrossan Harbour 駅へ。Ardrossan 港からフェリーで Brodick 着。

グラスゴー南西にある、端から端まで50kmほどしかない小さなスコットランドの島、アラン島。グラスゴーから列車で約1時間＋フェリーでさらに1時間。（フェリーは日に4〜5本しか出ていないので事前に時刻表を調べておく。）

何故こんな手間をかけて突然アラン島に行こうと思ったのか、今となっては全く思い出せないのだが、ある夏、飛行機と列車とフェリーを乗り継ぎ、はるばるアラン島にたどりついた。
たぶん、スコットランドの、中でも鄙びた島に行きたくて適当に検索していたらヒットしたのだろう。

ちなみにアランニットで有名なのはアイルランドのアラン諸島（Aran islands）で別モノ。r の数に注目。

フェリー：www.calmac.co.uk
鉄道：www.scotrail.co.uk

飛ぶのに疲れたら甲板に降りて休憩しつつ
フェリーについてくる怠惰なカモメたち。

長旅の後フェリーを降りて、波止場が珍しいものだからなんとなしに見て回っていると、折しも、これから滞在するホテルの名前のついた小さなバスが出て行く姿が目の端に入った。「もしやあれに乗らなければならなかったのか!?」とハッとするが、時既に遅し。出てしまったものは仕方がない。嫌な予感にかられながらも、きっと他の交通手段くらいあるだろうとホテルに電話し尋ねてみたら、やはりそんなものはなく、仕方なく車道をとぼとぼホテルまで1時間ほど歩くことになった。その後徐々に事情が呑み込めてきて理解したことには、ここでは島の唯一の公共交通手段であるバスすらも、1日に数本しか走っていないのだった。他の世界との掛け橋であるフェリーの発着時間に合わせて島のすべてのタイムテーブルが決まっているのだとすればそれも当然で、田舎に行けば大概どこでもそういうもので、そういうものだと思えば、それはそれでそのうち別にそれほど不便も感じなくなってくる。が、何しろこの頃はまだそんな仕組みには慣れていなかったものだから相当な衝撃だった。何故バスを見た瞬間走って追いかけなかったのかとどれだけ悔やんだことか。夏だったし、1時間歩くくらいで済んだからたいしたことはないが、こと知らない土地では、持っている限りのカンを働かせ、いつでも反射的に行動できるよう身構えているにこしたことはない。それだけ心掛けていれば旅の嫌なことは8割がた避けられる。ハズ。

ということで最初からつまずきつつ、半分以上何がなんだかわからないまま行き、何がなんだかわからないまま帰ってきた不思議の島アラン島。

私としては、スコットランドの自然の中でのんびり過ごせればよかったので、根こそぎ倒れた巨木なぞを眺めながら、さて何をしようとぶらぶら彷徨っていると、いつの間にかどうやらトレッキングコースらしきものに入り込んでいた。そんなものがあるとは想像外だったので驚いたが、面白いので歩くことにする。

途中、白骨城のようなものを発見。

どこまでいっても誰にも会わない。あまりにも誰にも会わないので実はここはトレッキングコースなんかじゃなくて、殺人鬼がひっそり生活している隠れ家へ続く道なんじゃないかという妄想すら生まれる。

妄想を裏付けるような斧の扉付きの小屋(?)も発見。

歩く。

谷底に殺人鬼の食卓を発見。

随分歩くと羊が黙々と草を食んでいた。
殺人鬼はやはり妄想だったのかと現実に戻る。

馬もいる。

翌日は雨だったため、例の、日に数本しかないバスに乗り、島を縦断してみることにした。島の人が普段使うためのルートで、観光バスではないので遅い遅い。しかし乗降する客がいないとなると、一転びゅんびゅん飛ばすので速い速い。ガタガタ道をバウンスしながら昔の漫画のように走る。昨日歩いた、殺人鬼か妖精の出そうな森の中とはうってかわり、海岸沿いの景色は今まで見た事もないゴツゴツとした荒々しい、奇岩怪石の、一体どこの国にいるのかわからなくなるような光景だった。バウンスするバスの中からだったので、1枚も写真に撮っていない。
だから却ってただただ奇妙な印象だけが強烈に残っている。

雨が止んで降りた砂浜には不思議な生き物の跡。

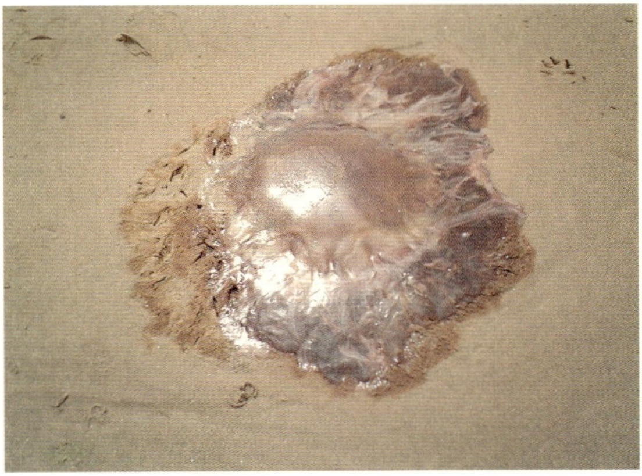

列車に乗って、南に、ほんの少しロンドンを離れると、きっと昔はロンドンもこうだったのだろう、眠気を誘うようなイギリスのカントリーサイドが広がる。

アウトドア派も、ただゆったりとした時を過ごしたい人も、是非ロンドンとはひと味違うイギリスを発見し、堪能してほしい。

羊もいるし、それ自体が骨董のような村や海辺の町を歩くと、ああ、イギリスって島国だったんだな、と思う。

そして最果ての地、ダンジネスにも足を伸ばす。

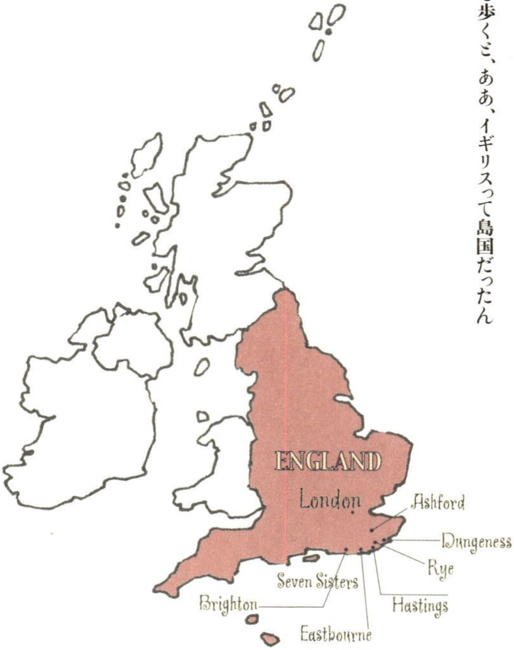

South East England《サウス イースト イングランド》

Brighton

Eastbourne

Seven Sisters

Rye

Hastings

Dungeness

Brighton《ブライトン》

さらば青春の光度★★★
手軽度★★★★★
キッチュ&キャンプ度★★★★★

Good for ... Kitsch

滞在日数目安：1日

☜ How to get there ☞
London Bridge、Victoria 駅から約1時間。

ブライトンというと、まっ先に思い浮かべるのはモッズ。さらば青春の光。

私の友達は誰も彼も口をそろえて「ブライトン楽しい〜。ブライトン最高〜。」と言うのだが、どうも何がそんなに楽しいのか、私には正直わからない。もはや青春の光も影も存在しない21世紀のブライトンを一言で表すなら「キッチュ」。キッチュの御本尊ロイヤル・パヴィリオンは、「どうかしてるよ〜」というかんじで、まあ面白いことは面白いのだが、一度拝めばわりともう十分。The Lanes にはファンキーなカフェやレストランや、ボヘミアンなお店もひしめいているし、クラブはパーティピープルで賑わっているが、どうしてもコマーシャルな匂いがして私には馴染めない。パレス・ピア（現ブライトン・ピア）を初めてみた時、もちろんそのレトロな姿に感動はしたが、中がゲームセンターでは興醒めだ。（とはいえピアとは、本来そういう娯楽施設らしいので、時代とともにあるべき姿なのだろう。個人的にはピンボールくらいまでで止めておいてほしかった。）

でもまあ、気候が（ロンドンよりは）よくて、海辺で、なんとなく明るい雰囲気なので、楽しい気がするのか。私が行った時は2度とも天気に恵まれなかったので、そのせいでドンヨリして見えたのかもしれない。空が青ければ印象は相当違うだろう。多分、旅行に行くより、住むのにならば良さそうなところだと私は思うのだが、とにかくロンドンから電車は頻繁に出ているし（夏など日に60本！）手軽なので －出来れば晴れた日に－ 1度は行ってみるといい。あと特徴的なことといえば、イギリス屈指の、ゲイコミュニティーが強く根付いた土地柄なのでもちろんゲイフレンドリー。そしてなぜかピアの写真を1枚も撮っていなかったのでイーストボーン・ピアを参照して下さい。申し訳ない。ほぼ似たようなものですが、ブライトン・ピアの方が色使いが上品でよい。余談ですが、2010年のリメイク版『ブライトン・ロック』はイーストボーン・ピアで撮影されています。この映画、グレアム・グリーンの1930年代の名作ヴァイオレント小説を無理矢理60年代モッズのオハナシに置き換えてしまったという作品で、つい先日テレビで流れているのを見て、そんなんだったのか、と、心底驚きました。

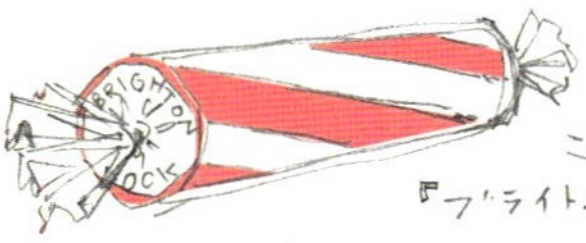

こちらがブライトン名物
『ブライトン ロック』。
要はどこを切ってもブライトン ロックの
金太郎飴です。

浜辺で回るヴィンテージ・カルーセル。

右手海面に亡霊のようにうっすら見えているのは、2002年末に嵐で崩壊し、
翌年春には放火によって骨組みだけが残ったWest Pierの残骸。

Brighton

ブライトンが、グラマラスでファッショナブル、という不動の地位を築くきっかけは、1960年代にモッズが流行する遥か昔、1780年代に遡る。着道楽に食い道楽、オリエンタル趣味を持つアートラヴァーの放蕩皇太子ジョージ（のちのジョージⅣ世）が、既にセレブの海辺の保養地として人気上昇中だったこの地を気に入って、別荘を持ったのがことの発端。父ジョージⅢ世の病のために摂政皇太子（プリンス・リージェント）に任命されるや、今度はその別荘を、やりたい放題デカダン三昧で欲望の赴くまま贅の限りを尽した、ジョン・ナッシュ設計の奇妙なオリエンタルパレス、ロイヤル・パヴィリオンにトランスフォームしてしまった。
と、いうような悪趣味の極みのような予備知識を引っさげてワクワクしながら中に入りましたが、入ってみると、中は意外と普通に宮殿で、隙間恐怖症的な装飾が施されている、というようなこともなく、ハリボテのようなものでももちろんなく、ちょっと肩すかしでした。そんな黒い期待をせずに入れば良いのでしょうが。

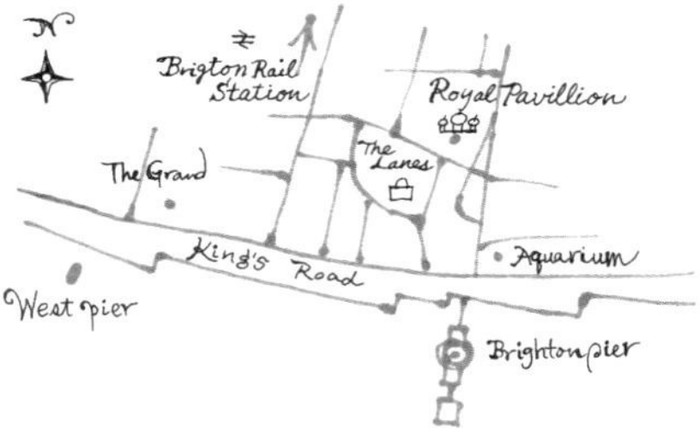

Royal Pavillion

B OF BR ISH
ILM CLU
NO.004
Q OP A

邦題：**さらば青春の光**（1979）

今さら私が取りたてて言うまでもないカルト・クラシックの殿堂入りブリティッシュ・フィルムですが、ロンドンやブライトンの、ああ、あれはあそこだったのかぁ、などと思いながら見ると、また違った感覚になります。そういえば、昔ピート・タウンゼントの小説『四重人格』も読みましたが、映画とは直接関係なかったということ以外全く内容を覚えていません。

主人公がロッカーズとモッズの抗争に巻き込まれたり、憧れと現実との間で失望したり、『さらば青春の光』って邦題は、確かにまあそういう風にまとめたら、その通り。って内容なんですが、もうちょっといいタイトルはなかったんですかね。原題の"QUADROPHENIA"（四重人格）では、キャッチーじゃないと思ったのは分かりますが。中身は何十年たってもまったく色褪せない物凄い映画です。家の壁紙などに時代を感じるくらいでファッションなんかはむしろ今でもかっこいい。ジミーはパディントンからブライトン行きの列車に乗りますが、実際はブライトン行きはパディントンからは出ていないので（もちろんどこかで乗り換えればいずれ着きますが）ロンドンブリッジかヴィクトリアから乗りましょう。ちなみにジミーがエースのスクーターでダイヴしたのはブライトンの東22マイル（35km）ほどの、ビーチィ・ヘッド。（☞see Seven Sisters）ラストシーンはオープニングシーンに繋がります。ここ大事なので覚えておいて下さい。試験に出ます。

ところで私が初めてコレを見た時、最も印象深かったのは、「モッズがモッズであるためには、スーツを仕立てたり、スクーターを買ったり、お金がいるので働かなきゃいけないのだ!」ということでした。（または、「でもパンクスはお金がなくてもパンクスでいられるから働かないのだ!」と言い換えも可能。）

Eastbourne イーストボーン

日照度★★★★★
御隠居度★★★★★

Good for ... Retirement

滞在日数目安：1日〜1泊、または1週間。または老後ずっと。

How to get there

London Victoria 駅から約1時間半。
Brighton 駅から列車で30~40分。
バスルート12/12A/12X/13X で1時間~1時間半。

それは信じられないほど暖かな10月半ばのある日（そういう日をインディアン・サマーという）。イングランド南岸の有名な白亜の断崖絶壁をこの目で見ようと、イーストボーンに向かった。前述の『さらば青春の光』で目にして以来、その圧倒的な姿に、ずっと、いつかは行こうと思っていながら、なかなか果たせないままだった、セブン・シスターズの海岸を訪れる足場にするためだ。セブン・シスターズはわかるけど、何故またイーストボーンなんかに、と周りには言われたが、私はこの刺激の足りない、年寄りの避暑地というのか避寒地というのか眠たくなるような日差しの降り注ぐ穏やかな海沿いの街が、ことの外、気に入ってしまった。これもたまたま、夏の観光シーズンがとっくに終わり閑散とした時期でありながら晩夏並みの好天候、という、思いがけない幸運のせいで、過った印象をインプットされたのだと人は言うけれど、それでもこれなら毎年来てもいいと思うような滞在だった。

Eastbourne Pier

どんなにオサレに撮ろうとしても絶対にオサレにならないのがフィッシュ&チップス。この黄金の揚げ物色が原因か?ピアにはフィッシュ&チップスレストランやティールームも。尚、この写真のコッド&チップス、私はピアでは食べていません。食べていないのにナンですが、明らかに観光客相手の商売で美味しいものなど、ない。と、思っておいて正解です。今まで一度だって、意外に美味しくて吃驚した、なんて経験はありません。一度もです。ゼロです。地元の美味しいものは泊まったB&Bのオーナーに聞くのが一番。そこが腕の見せ所なので、喜んで適格なサジェスチョンをしてくれます。ローカル情報を仕入れるのはB&B活用の最重要ポイント。

幸運とは言ったが、イーストボーンは実は年間日照時間UKナンバーワンのsunniest town in the UK、なのである。2011年の日照時間合計は1962時間！（これは全世界的に長いのか短いのか、まるでピンと来なかった私のようなあなた、日本の日照時間は2010年全国平均で、1897.4時間だそうな。やるじゃんイーストボーン。）
そんな温暖な土地柄のせいか、道で会う人々はとても優しいし、ほぼ100%イギリス人。ちょっとぼんやり立ち止まっていたりすると、道に迷ったのか、どこに行きたいのか、海を背景に写真を撮ってあげようか、と必ず誰かが寄ってくる。それも慎み深く。押し付けがましくなく。紳士の国の面目躍如。リタイヤして悠々自適に暮らしながら海沿いのプロムナード（遊歩道）を散歩するのが日課の人々だから、旅行者とのそんな会話もちょっとした愉しみの1つなのだろう。イギリスなんだから、ほぼ100%イギリス人、というのはおかしな表現に聞こえるかもしれないが、ロンドンにいると、フと気づくと周りから全く英語が聞こえてこない、なんてことも日常茶飯事なのだ。

着替えや荷物置き場に使うためのヴィクトリア時代からの伝統、Beach hut（海辺の小屋、と訳すのか）は5月から9月までの間は日又は週単位で借りられます。それ以外の時期は、月契約が最小単位。ハットの大きさで料金も様々。デッキチェアも入っている。グランド・パレードにある、シーフロント・オフィスで申し込む。

Eastbourne

海沿いにずっと続くプロムナード －グランド・パレード、途中からキング・エドワーズ・パレード－をどこまでも歩き、突き当たったところで海岸におりた。ここではキラキラした石について突如説明を始めてくれるおじいさんと出会う。話を聞いていると、どうやらこの辺りは雲母の採石場だったらしい。
この後、丘に登ってみた（階段あり）。丘を越えて行くといよいよビーチィ・ヘッド。越えて行く人はチラホラといたが、もう日も暮れてきたのでここらで引き返すことにした。

落石注意…。

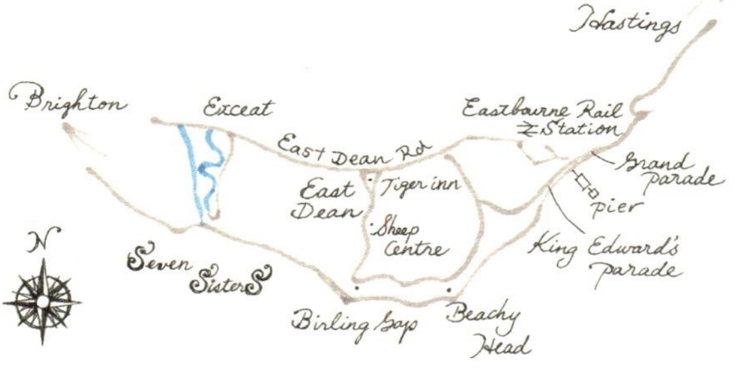

海辺のハットより少し小高い所にグレードアップしたシャレーが並ぶ。余裕で住めそうだが住む所ではないらしく夕暮れには誰もいなくなった。こちらは年間契約でガス、水道込み。ということは、お茶をいれることが出来ますね。
プロムナードを走るお猿の列車のようなバスは散策に疲れきった人々の重要な、しかし呑気な足。（やはりおじいちゃんの運転手が中から手を振ってくれたり汽笛をならしたりもしてくれる。とても遅いが歩くより速い。）

小さめのハット。

夕暮れのピア。

さて、いよいよ明日はセブン・シスターズに向かう。

Seven Sisters《セブン シスターズ》

スペクタキュラ度★★★★★

Good for ... Rambling

滞在日数目安：1日以上

☜ How to get there ☞

London Victoria 駅から：最短で行くなら、イーストボーン行きの列車に乗って
Lewes で Seaford 行きに乗り換える。Seaford 駅で12/12A/12X/13X 番のバスに乗る。
（夏のみ、休日のみ、平日のみなどの路線があるので要チェック。）
Exceat、East Dean、Beachy Head などで降りる。列車約1時間30分＋バス10分。

Brightonから：12/12A/12X/13X 番のバスで約1時間。
またはSeaford 行きの列車に乗って約35分。Seaford 駅からバス10分。

Eastbourneから：12/12A/12X/13X 番のバスで10〜20分。

崖の上の絶景カフェで取り敢えず茶を飲む。絶景なだけで、とりたてて美味しいわけでもないが、この国にいると本当に何をするにも取り敢えず茶ばかり飲むことになる。

セブン・シスターズ。
切り立った真っ白な岸壁が7人の乙女の姿に見えることから、（私にはどこがどう乙女なのか、立ち姿なのか顔なのか、どうやって7数えるのかさえ未だに分からないままだが）その名がついているのだそうだ。South Downs Way という散策道があって、時間があるならそこを歩いて回るのが一番だが、1日や2日ではまず無理だ。私は部分的に歩くことにして、イーストボーン・ピア前のバス停からブライトン行きのバスに乗車。古い燈台 Belle Tout lighthouse（今は B&Bになっている）が見えたら次で降りる。と、そこは、Birling Gap。ここから海岸に非常階段みたいなもので降りられる。

☞地図は Eastbourne のページを参照のこと。

崖の上にある家は、年々崖の侵食が進んでいっているので崩れる前に取り壊される運命にあるそうだ。海岸に降りる階段が非常階段のような体裁なのも同じくそのうち取り壊して建て直すことが前提なのが理由。

こんな標識があるだけでそこはもう崖。

Seven Sisters

空。
海。
崖。

Birling Gap

プリティー。

身を乗り出して近付いてきた、羊らしくない大胆さを持つ羊。
でもなんか顔についてる。

さて、空、海、崖を心行くまで堪能したら、また歩いてもいいのだがバスに乗り、海岸沿いを離れてヴィレッジーな、（というかまさに典型的イングリッシュ・ヴィレッジの）East Dean にランチに向かった。これも泊まったB&Bで、「お昼は絶対ここで食べるといい」と言われて楽しみにしていたタイガー・インというパブを目指す。が、その前に、羊好きなので、シープ・センター前でバスを降りた。（ここらへん、どこで降りたらいいのか分からなくても行きたい所を運転手さんに伝えておけば教えてくれます。）センターはお休みだったが、（子供、家族向けなので夏以外営業していないようだ。）羊は広い囲いの中で無心で草を食っていた。

時計周りに、1: 大人気のタイガー・イン。看板の虎が目印。長い列になっていたが、従業員がキビキビしているので、そんなに待たない。いいシルシ。(これ、良い食事処を見分けるポイントです。)このスクエアには、なんとシャーロック・ホームズの隠居した家が。いろいろな推測に基づいて最近ここに決まったそうな。シャーロック人気根強し。2: プラウマンズ・サンドウィッチとコテージ・パイ。典型的なパブメシ。シンプルにうまかった！満点。3: 風見鶏。

何はともあれパブランチ。

田舎のパブは、観光客相手ではなく、実際近所に住んでいる人々が顧客であるため、本当に美味しいご飯を出すところが多い。田舎に行ったら定番のパブランチを食べよう。

まずはカウンターで、黒板やメニューを見ながら注文。たいていその場で支払い、料理が出来上がったら席に持ってきてくれる。メニューを持って行くから席につけ、と言われた場合、レストランと同じで、食後テーブルで支払う。たいていのパブはクレジットカードでも支払い可。(もちろん飲み物だけでも)

◆ploughman's lunch … パン、チーズ、ピクル、サラダ。+ハムを選べたり。(オープンサンドウイッチみたいなもの。)チーズはその地方のものを選ぶと良い。小洒落たところではブリーとかフランス産チーズも出す。農夫の昼ご飯。
◆cottage pie (shepherd's pie) … ミンチ肉とマッシュドポテトのレイヤーになったパイ。羊飼いに任せとけ。
◆Sunday roast … 日曜日だったら、ローストも良い。おもにビーフだが、ローストチキン、ローストポークなんかの場合もある。
◆scampi & chips / fish & chips … 海に近ければ是非。
◆デザートまで行きたい … apple crumble (ポロポロした素朴なリンゴの焼き菓子) / apple pie & custard (これも定番) / sticky toffee pudding (濃厚キャラメルに浸されたスポンジケーキ。重い、甘い、キャラメル好きならマスト!) 大体温めてサーブされる。アイスクリームなんかもついてくる。イギリス人はトフィーとカスタードが好き。

イースト・ディーンの可愛らしい村を離れ、またバスに乗り西に向かう。Exceatで降りて、海に向かって、今度はひたすら歩く。なんとなく道があるがあくまでなんとなく。小さな川も流れていて、牛や羊が放牧されている。この風景を見ている限り、海に行き着く気がしない。ちらほらと見かける人々は皆同じ方向に向かって歩いて行くので、多分そっちに海があるのだろう。

30分くらい歩き続けて、足元は悪いし、そろそろ引き返さないと日が暮れたら真っ暗でヤバい、と思い始めた頃、また崖の先が見えてきた。ここはCuckmere Havenという場所。

立ちはだかるレベル（反逆児）な彼。

この砂利やら湿地やらの道なき道を自転車で来たとは尊敬に値する。

こうして、また違ったクリフを拝んだ後、ぎりぎり日暮れ前にバス道に戻った。歩きやすい靴、必須。

Rye《ライ》

コブル度★★★★★
骨董度★★★★★

Good for ... Antique lovers

滞在日数目安：1日または1泊

☜ How to get there ☞

London St Pancras International 駅から Ashford International 駅乗り換え、Rye（Sussex）駅に。所要約1時間45分。

この辺りに特徴的なコブルストーン（玉石）の石畳が続く、時が止まったかのような中世の港町。古い家並みを眺めながらただ路地を歩く。歩き疲れたらティールームでクリームティーを頼み、とりとめのないお喋りに耳を傾ける。ここはそんな街。

道端で売られていたゴスな焼き物。つまり鬼瓦みたいなものかと。

郵便受けもかわいらしい。

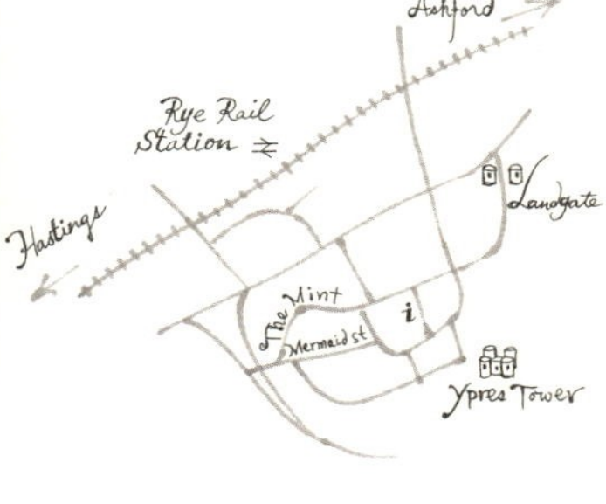

Landgate

14世紀、ライは四方をぐるりと石の壁で囲われた要塞都市だった。当時、市内にアクセスするための4つのゲートが存在し、このランドゲートだけが今も残る。

要塞の一部であり牢獄として使われていたという、Ypres Tower。仏語なためうまく発音できず、英国人の間では「ワイパーズ」で通っているらしい。
現在は Rye Museum として一般公開されている。

Ypres Tower

Gun Gardens
Rye
East Sussex
TN31 7HH

中でもお伽話の挿し絵のような人魚通り(Mermaid Street)。

パースの間違いじゃなかろうかと思わせる、かなり思いきった傾きっぷりのチューダー様式の建物が、今も大切に手入れされつつ使われている。光があたった時歪んで見えるのが昔のままの窓硝子なんだよと、宿の主人が教えてくれた。

B&B（ベッド&ブレックファスト）に泊まろう。

日本ではB&Bは民宿と訳されている事が多いが、ちょっと違う。個人経営の宿ではあるが、特に地方に行くと、フォーポスター・ベッド（天蓋つきベッド）に猫足のバスタブ、というような豪奢なものがいくらでもあり、トラッドな英国の優雅な雰囲気を満喫できる。勿論その手のB&Bは安くもないが同等のホテルよりはお手頃。よいB&Bをどうやって見分けるかというと、一番簡単なのは、まず、Enjoy England Gold and Silver Awards をとっているかどうか。ブレックファスト・アワードというのも最近出来て、それを獲得している宿ならこだわりの朝食が期待できる。（コンチネンタル・ブレックファストと違い、イングリッシュ・ブレックファストはシッカリドッシリ。お好みに調理されてサーブされる。）ホテルの星にくらべて、これらのアワードの信頼性は高く、分かりやすい。宿泊客のレヴューなども、今時、簡単にインターネットで調べられるので、ハズレも少ない。また、オーナー側もレヴューを非常に気にしているので、総じて対応はとても良い。ブッキングサイト等を通さず、直に予約するなら、レスポンスの良さ（迅速か、メールの感じがよいか、など）も決め手にすると良いだろう。ついでに、enjoyengland.comでは、変わったアコモデーションも紹介されているので調べる価値あり。（ジプシーキャラバンとか。）

そして何度も言いますが、B&Bの最大のメリットは、ローカル情報を教えてもらえるコト。思いがけない発見が必ずあります。Enjoy.

http://www.enjoyengland.com/
http://www.tripadvisor.co.uk/

めじるしは こんなんです。

ライでみかけた かわいいドア

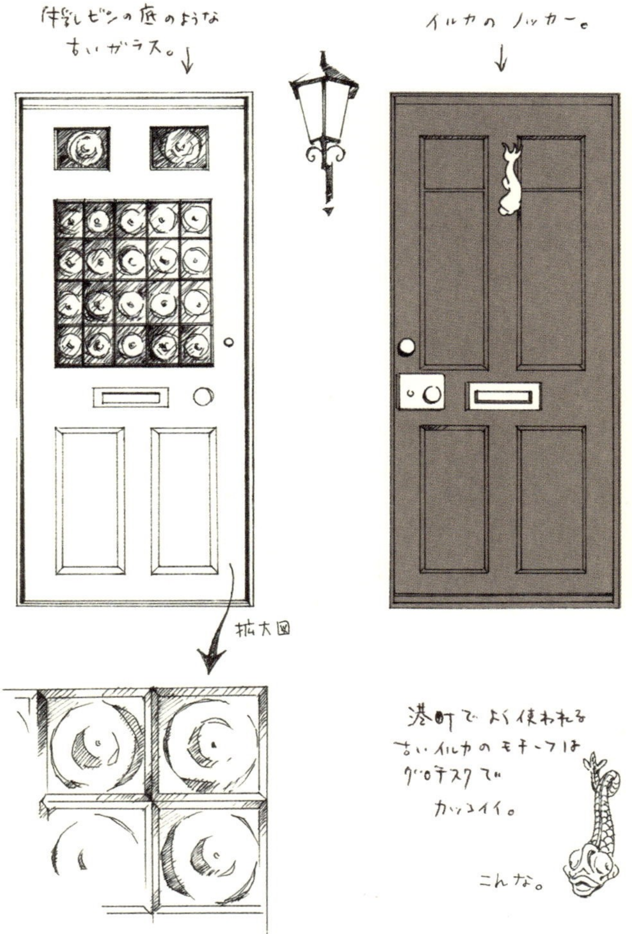

牛乳ビンの底のような
古いガラス。
イルカのノッカー。
拡大図
港町でよく使われる
古いイルカのモチーフは
グロテスクで
カッコイイ。
こんな。

Hastings《ヘイスティングス》

バトルフィール度★★★★

Good for ... History geeks

滞在日数目安：半日

☜ How to get there ☞

Ryeから列車で35分。Brightonから1時間20分。
London Charing Cross、Victoria 駅から1時間45分〜2時間程度。

Ruins of Hastings Castle

ライの帰りに、そのまま帰るのも芸がないと、ヘイスティングスの戦いで有名なヘイスティングスに寄ってみた。海岸沿いの列車の旅は楽しいが、ついでという程近くもなかった。駅を出たら、ライなんかとは違って取りたてた特徴のない普通の町。 それでも坂を登って登って、辿り着いたヘイスティングス城の廃墟。 もう夕暮れ間近で閉まりかけていたが、大急ぎで見てくるなら、と入れてくれた。 本当にこれだけ、の廃墟なのだが、廃墟好きならばそれなりに満足する事だろう。

切符のtip

チケットの種類にはまず、スタンダードチケットとファーストクラス（1等車）チケットがあって、ファーストクラスはグリーン車のようなものですが、長距離だと食事がサーブされたりする路線もあります。クラスそれぞれに更にAdvance、Off-peak、Anytimeという区分があり、後になるほど値段とフレキシビリティーが上がります。Advanceは前日までに購入が必要、変更不可だがかなりお得。Off-peakはピーク時間外ならばどの列車にも乗れるチケットで少しお得。（ピーク時間とは月～金の4.30am~9.29am）Anytimeは完全にフレキシブルなフルプライスチケット。乗り遅れた時にはあとの列車に、時間があまった時には早い列車に変更も可能。
また、Advanceはお得なだけあって席数に限りがあり、その中でも何段階かの区分があって、安い値段設定のものからなくなっていく仕組みなので日によって値段に違いが出たり、売り切れたりもします。

往復（リターン）チケットは片道（シングル）2枚よりもかなり安く設定されていることが多いので、（日帰りの場合、往復でも片道とほぼ同額）まずリターンチケットで探すことをお勧め。ワンデーリターン、ウイークエンドリターンなどがあります。
時期により、グループ割引きのある路線も多く、3人または4人で旅行する場合2人分の料金でOK、などという、かなり驚きの割引率なのでチェックするとよいでしょう。

チケットの購入は駅のカウンターや券売機に並ぶか、Nationalrailやそれぞれの鉄道会社のウエブサイトでも購入可。www.nationalrail.co.uk
オンラインで購入するとその場で予約番号が発行されます。購入に使ったクレジットカードを駅の発券機に入れてこの予約番号を打ち込むことになるので、書き留めておくのをお忘れなく。
駅の有人窓口は長蛇の列であることが多いので慣れればオンライン予約が数倍楽です。が、どちらにしてもそこはロンドン、思いがけないことは起きて当たり前、と考えて、駅には時間に余裕を持って行くのが吉。

Dungeness《ダンジネス》

最果て度★★★★★

Good for ... Lost in thought

滞在日数目安：1日

☜ How to get there ☞

London St Pancras International 駅から：Ashford International 駅下車。New Romney 行きのバスに乗る。Lydd-on-Sea 下車。列車約38分+バス約1時間。どちらもリターンチケットを買っておくとよい。日曜バス運航なし。アシュフォードからタクシーなら約30分。

Ryeから：タクシーで約30分。

タクシー（キャブ）を利用する場合、降りてしばらく待ってもらうか、何時頃迎えに来て欲しいと戻りの手配をしておいた方がよい。電話で呼ぶこともできるが結局 Romney などからやってくるので、時間に余裕が必要。

ダンジネス。ドーヴァーとイーストボーンの中間あたりの、少し突き出た部分にある漁師町。希少な植物や野鳥の生息地として知られ、国の自然保護区域でもある。「不思議惑星キンザザです。」と言われたら信じてしまうだろう荒涼とした砂利の浜辺に、使われているのかいないのか、今にも崩れそうな漁師小屋やボートが点在し、眺めはどこか居心地の悪い美しさを湛えている。

ダンジネスに魅了され、その不毛の地で試行錯誤しながらも庭を育て晩年を過ごした映画監督であり画家であり — ガーデナーでもあり — そして '94年にエイズで亡くなった故デレク・ジャーマンの庭に、2005年3月、はっきりとした住所も知らず、きっとそこに行けばわかるだろうと、ライからキャブを飛ばしたのだった。

Dungeness

それが全くもって甘い考えであったことに気づくのに
たいして時間はかからなかった。

誰にも会わない。

どこまでも奇妙な
置き去りにされたような風景の中
やっとみかけた
寄り添って歩く二人連れの
双子のような老婆に尋ねると
「デレク・ジャーマンの庭はあっちよ。」
と
教えてくれた。

私はその場所の地図を描かない。苦労して探してでも、どうしてもそこに行きたい人だけが行くべき場所だと思うからだ。デレクの著作や日記にもたびたび記述されているパイロット・インという、有名なフィッシュ&チップスレストランを目指し、そこで人に聞けばいい。この辺りで食事ができるのはここと、もう一軒くらいしかない。それから燈台に向かって歩けば、目の覚めるような黄色い縁取りを施した、漆黒のフィッシャーマンズ・コテージを、決して見落とすことはないだろう。

Old Light House
ヴィクトリアンの燈台だが冬期は閉まっていて入れない。

この掘っ建て小屋のような残骸は一体なんだろうと思ってあとで調べたら、のちにノーベル物理学賞をとったグリエルモ・マルコーニが1899年に初めて英仏海峡を越えて無線を送信した小屋だそうだ。

Dungeness

そうして辿り着いたデレク・ジャーマンの庭と、それに寄り添う
プロスペクト・コテージだった。

Prospect Cottage
2012

プロスペクト・コテージを訪ねて

「10分程遅れるかもしれない。」と謝罪のテキストメッセージを送ると、「我々は田舎にいるのだから、プラスマイナス1時間は何でもないよ。台無しになることは何もない。」という返信が届いた。

2009年末に導入されたハイスピード・トレインHS1でアシュフォードにロンドン・セントパンクラスからわずか38分。そこからローカルバスに乗り、ケントののんびりとした田園風景を眺めながら約1時間。リドの町を過ぎた頃から窓の外は次第に荒涼とした地形へと変化し、やがて、巨大な灰色の塊、ダンジネスBの不釣り合いな姿が突如現れる。ライからの道のりでは出くわさなかった光景だ。

7年ぶりに見るその家の黄色いドアは少し開いていた。
呼び鈴らしきものがないのでノックをすると、中から人がやってくる気配がし、キースがニッコリと迎え入れてくれた。

キースはデレクを最後まで見取ったパートナーであり、デレク亡き後のこのコテージの所有者だ。とりあえずどこから始めればいいのか分からない私に、部屋を1つずつ案内してくれた。

家の中はどこをとっても恐ろしい程にフォトジェニックだ。「そう、どこをとってもフォトジェニックなんだよ。」とキースは微笑む。
それは庭と全く同じ感覚だ。どこを切り取っても絵になる。というよりも絵そのものだった。まるで映画の舞台装置のように。

書斎は手書きの(または手描きの)台本やメモや、映画の中で使われた小道具で埋め尽されていた。驚喜したのは言うまでもない。

上から:キッチンに通じる扉
庭仕事の道具

キッチンに通じるドアの小窓に、よく見ると裏側から詩が書いてある。私がそれを見ていることに気づいたキースが
「デレクは完璧な鏡文字が書けたんだよ。」
と悪戯っぽい笑顔で言う。
「でもこの中のどこかに一カ所間違いがあることを僕は知ってるんだけどね。」

使いかけの絵の具のチューブも立てた筆もそのままに、置いてある絵の具のこびりついた作業台。

ここだけ時が止まっている。

上から：
デレク・ジャーマンの書斎
アトリエ
廊下からの眺め

初めて見たデレク・ジャーマンのフィルムは『エンジェリック・カンヴァセーション』だったか、あるいは『カラヴァッジオ』だったか。

そのころイギリス映画が日本でも、ちょっとしたブームになっていて(といっても勿論単館上映界隈での話。)ケン・ラッセルの『ゴシック』、ピーター・グリーナウェイの『ZOO』等とともにブリティッシュ・フィルム・フェスティバルとかなんとか銘打った企画で次々と紹介された。80年代の終わり頃だ。毎日のように会場に通ったのを覚えている。

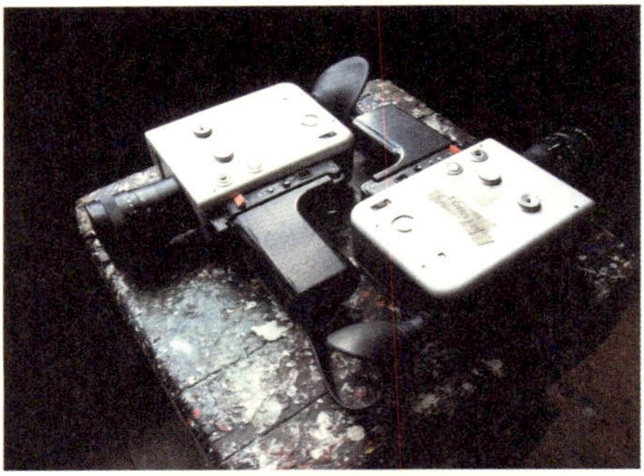

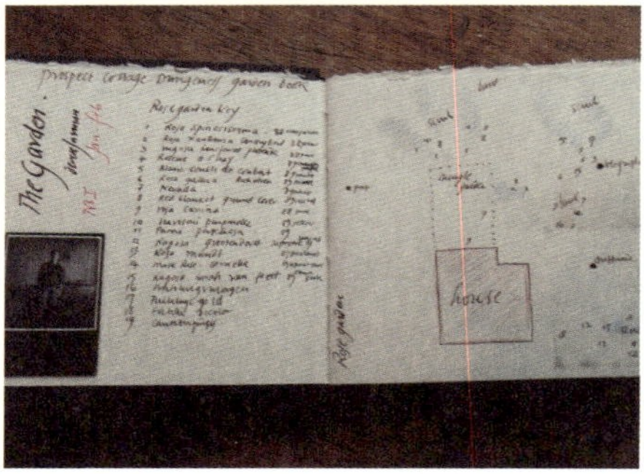

上から：
デレクのSuper8
作業机
魔術の書とカラスの羽根
Garden Book

映画 “The Gareden” のスクリプト

その後10代の終わりから20代にかけて、彼が亡くなるまでほぼすべての作品を公開されるごとに見続けてきたが、Super8で撮影し作為的に荒らされたそれらの映像の退廃的な美しさには当然のごとく惹かれながらも、あまりに強いメッセージ性に、日本の安穏とした若者であった私には、なぜそこまで声高に謳うのかという、落ち着かない、得体の知れないものに対する畏怖に近い感情と、入り込めなさが常にあった。ロンドン暮らしが長くなるにつれ、その頃の背景や気配がなんとなくだが感覚的にも理解できるようになった今も、決して心穏やかに見ることのできない、ある種の痛みを伴う映像であることに変わりはない。おそらく意図的にそうなのだろう。芸術が思想を伝える道具だとは思わないが、思想のない芸術は芸術たりえない。そう思う時、いつもデレクのことがフと頭に浮かぶ。

2008年にはハイド・パークのサーペンタイン・ギャラリーで大回顧展が開かれ、彼の絵の展示とともにドキュメント映画 “Derek”も公開された。サーペンタインの一室で皆思い思いに床に座ったり寝そべったりしながら、プロジェクターで映し出されるデレクやデレクを語るティルダ・スウィントンの映像を見つめていた。
どんなに作品を好きでも、作家本人には、私はとりたてて興味を持つことがないのだが、デレク・ジャーマンは数少ない例外だ。多分、サーペンタインより遥か昔、東京のどこかの倉庫でだったと思うが、彼の真っ黒な、タールで塗り込められたガラスの破片や金属の「絵」を見たときから始まり、“The Garden”の中で映し出されたダンジネスの不思議に清逸な庭で、それは決定的になったのだと思う。

それでも—その頃は今ほどインターネット上に誰かの撮った写真があふれているというような状況ではなかったし—その庭が本当に実在するのだろうか、というような気持ちもあったので、辿り着いて、柵も垣根もないその“楽園”を恐る恐る歩いた時にはちょっと嘘のような、まさに白昼夢の中にいるような感覚があった。その黄色い縁取りのドアをあけて中に入る日が来るとは勿論想像もしなかった。

邦題：**ブルー**（1993）

『ブルー』は青い画面がただ延々と続く、そういう映画だ。HIVに蝕まれ、この頃には失明しつつあったデレクの、吐き出すようなそれでいて淡々と乾いた、時にユーモラスでさえある言葉で綴られる、最後の日々の記録だ。凡そ個人的な内容であるのに、普遍的だ。デレクの作品の中で、一番好きなものは何かと考えたとき、随分迷った末、私はこれを選ぶことにした。

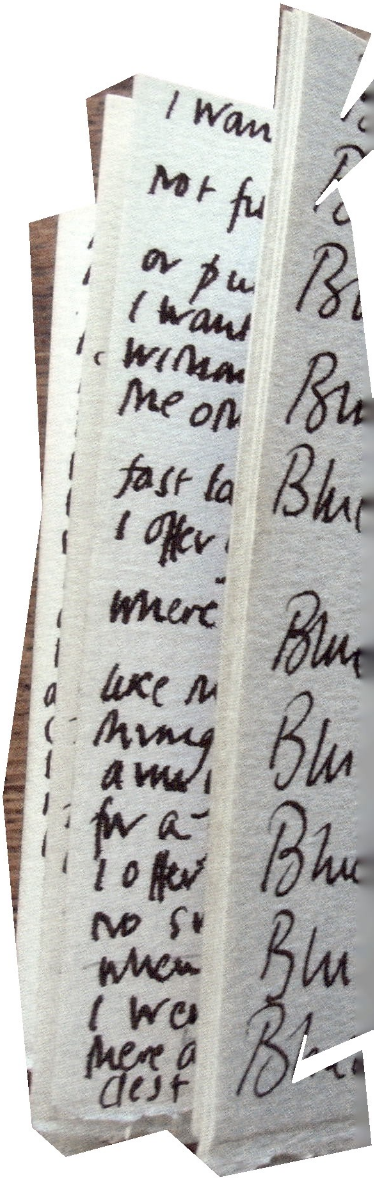

Blue print for BLISS
written by Derek Jarman

BEST OF BRITISH FILM CLUB

NO.005 BLUE

砂漠でしか見かけないような奇妙な植物だけが生息するこの土地を訪れる人はバードウオッチング・マニアか、でなければデレク・ジャーマンの庭を見にしばし立ち寄る、私のような人間くらいだ。私が訪ねた数時間の間にも幾度か車が家の前に止まりデレク・ジャーマンファンらしき若いカップルや、こちらはおそらくBBCのガーデニング番組を見てやって来たのかな、という家族連れや、(いや、案外逆かもしれない)いろいろなタイプの人々が大抵はぐるりと庭を眺めて、また車に乗りこんで帰っていく。

2006年、ダンジネスAは運転を終了。今後核廃棄物中間貯蔵施設になる。
2018年、ダンジネスBは運転終了を迎える予定。
2009年、新規原子力発電所建設計画はイギリス国内の11箇所の候補地中ダンジネスだけが環境に与える影響と安全性の問題から許可が下りなかった。

キースが、この辺りの住民全員に毎年配布されているという「何かがあった時の」マニュアルが裏に刷られたカレンダーと、冷蔵庫から安定ヨウ素剤を出してみせてくれた。
乗り物酔いの薬のパッケージのようだな、と思った。

アシュフォードまで乗った帰りのキャブで、もう少しで踏切待ちにあいそうなところを滑り込みで通り過ぎた後、運転手が言った。
「この辺りを走る貨物列車はとてもゆっくり進むからひっかかると永遠に待たなきゃならないんだ。核廃棄物を載せているからね。セラフィールドに行くんだよ。ところで今FAカップやってるんだけどラジオつけてもかまわないかい?」

デレクは著書の中で自宅から見えるダンジネスBのことを「エメラルドシティだ」と言っている。それは文脈的に、おそらく原発を賛美した言葉でも批判した言葉でもなく、ニュートラルな発言だと思うのだが、実際夕闇の中で煌煌と光を放つその姿はまさしく日本同様原子力へと邁進した英国の胡乱なエメラルドシティだった。「偉大な魔法使いオズ」が蓋を開ければただのオマハ生まれの、小さな皺の寄った老ペテン師だったように。

庭にたくさん飾られている石の、丸い穴はどうやって空けたのかという話になって、「ああ、そうだ。」と棚から箱一杯の穴の空いた石を出して来てくれた。「どれでも好きなのを1つどうぞ。」と言われて、つい妥協のできない性格から迷いに迷っていると、「好きなだけ持って行っていいよ。」と笑いながら「実際、」と続ける。「海岸に行けばいくらでも見つかって、見つけてしまうとそのたび拾って帰らなきゃならなくてたいへんなんだ。 幸運のお守りだという漁師達の迷信があるから。」石に含まれている珊瑚質の部分が長い年月をかけてそこだけ溶けて、自然の力で空いた穴だという。

海岸を歩いてものの数分で私も1つ見つけた。

Derek Jarman
1942 - 1994
Sebastiane
1976
Jubilee
1978
The Tempest
1979
The Angelic Conversation
1985
Caravaggio
1986
The Last of England
1987
War Requiem
1989
The Garden
1990
Edward II
1991
Wittgenstein
1992
Blue
1993

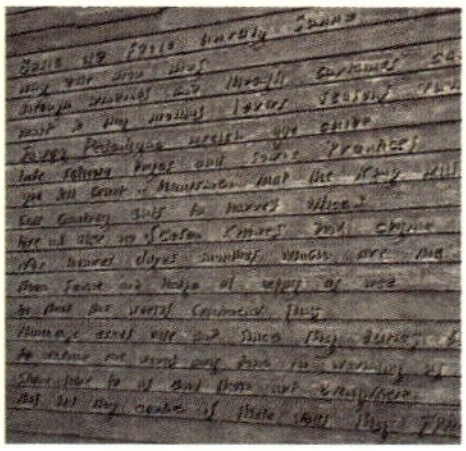

おわりに

ベーシックなことは前著『ロンドン A to Z』でカヴァーしたので、今回はもう一歩踏み込んだところで。と、書き始めた本編ですが、やがて、これは一所懸命書けば書く程確実に読者の幅を狭めていっているのではないかというパラドクスに陥り、陥りながらも、もはや後戻りすることも不可能になり、最後はランナーズハイにも似た感覚で書ききった1冊となりました。ここまで読んでくださった方にはきっと面白がってもらえたのではないかという期待を抱きつつ。

『ロンドン A to Z』のアップデートとしては、オーヴァーグラウンドが全線開通して、路線図が少々変わったことと、残念ながらカムデン・マーケットのテーマパーク化がほぼ完了したことと、2008年秋のリーマンショックを境に円安が円高に急転換し、突如イギリスが日本人にとってとてもリーズナブルな価格設定の国に変身したことくらいで、後はほとんどそのまま読んでいただいて問題ありません。(現在£1≒125円)

デレク・ジャーマンの庭の写真掲載の許可を取るにあたって、快諾してくれた上、もし助けになるのなら家の中を見せてもいいがと申し出てくれたキース・コリンズ氏と、キースに連絡を取る際力添えしてくれたハワード・スーリー氏に心から感謝します。

2012年6月 **楠本まき**

【著者紹介】

くすもとまき × 漫画家。お茶の水女子大学哲学科中退。2001年頃からロンドンと東京の二都暮らし。著書に『Kiss××××』『致死量ドーリス』等多数。ロンドン・ガイドブック第1弾の『ロンドンA to Z』も好評発売中。

http://www.makikusumoto.jp/

A LONDON TREASURE HUNT

ロンドン トレジャーハント
& ロンドンからの小さな旅

初版第1刷発行　2012年7月15日

著　者……………楠本まき ©Maki Kusumoto

発行人……………竹内和芳

発行所……………株式会社 祥伝社
〒101-8701 東京都千代田区神田神保町3-3
03-3265-2081（販売）
03-3265-2119（編集）
03-3265-3622（業務）
http://www.shodensha.co.jp/

装　幀……………秋田和徳＋楠本まき

写真／挿画……………楠本まき

地下鉄路線図
英国地図……………chaos

撮　影……………津田聡（pp8-9, 112）

印刷所……………図書印刷

製本所……………ナショナル製本

Special thanks to:
Keith Collins, Howard Sooley and Claire

ISBN978-4-396-43052-8 C0026　Printed in japan

9784396430528

1920026018003

ISBN978-4-396-43052-8
C0026 ¥1800E

定価：本体1,800円＋税

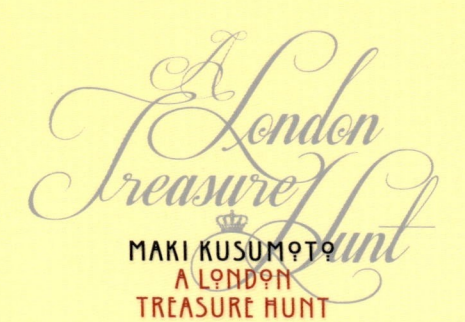

A London Treasure Hunt

MAKI KUSUMOTO
A LONDON
TREASURE HUNT